MEDITAÇÕES NA TERRA SANTA

SEGUINDO OS PASSOS DE JESUS EM ISRAEL

A vida e obra de Jesus possuem significado tanto pelo que ele fez e ensinou quanto por como tudo isso nos é contado nos evangelhos e Atos. E é justamente por isso que as cidades pelas quais Jesus passou, a cultura das pessoas com quem conversou, temas locais sobre os quais versou são importantes para entendermos a vida e os ensinamentos de nosso Senhor.

Tenho, portanto, o imenso privilégio de recomendar *Meditações na Terra Santa*, de dois amigos e irmãos muito queridos e habilidosos no trato da história e Escritura Sagrada. Com excelentes explicações sobre o "contexto histórico e geográfico" de muitas localidades da Terra Santa, Franklin Ferreira e Jonas Madureira nos levam a um passeio por Israel, fazendo-nos enxergar a beleza, profundidade e aplicabilidade de textos bíblicos selecionados, tanto do ponto de vista histórico-cultural quanto bíblico-teológico.

Não tenho dúvidas de que você será abençoado e edificado com este *tour* literário por muitas localidades pelas quais Deus conduziu seu povo e nas quais o próprio Jesus pisou. Aprecie o passeio.

HÉLDER CARDIN
Chanceler das Escolas Teológicas da Palavra da Vida Brasil e pastor na Primeira Igreja Batista de Araras (SP)

Conhecer a Terra de Israel é um privilégio ímpar (que, pela graça de Deus, já tive). Estudar os episódios bíblicos no lugar onde se passaram é maravilhoso.

Os queridos Franklin Ferreira e Jonas Madureira já estiveram na Terra Santa várias vezes, tornando-se conhecedores exímios da história bíblica, como também dos locais onde aconteceram os fatos e os episódios narrados pelas Escrituras.

Com graça e sabedoria, Franklin e Jonas brindam a igreja brasileira com meditações ricas e objetivas. Numa linguagem cativante, os autores conseguem transportar o leitor para dentro de Israel, produzindo em nosso coração um deslumbramento com a história bíblica e a inerrante Palavra de Deus. Um livro imperdível!

RENATO VARGENS
Pastor na Igreja Cristã da Aliança (Niterói, RJ)

Em um mundo marcado por desafios e incertezas, o livro *Meditações na Terra Santa* surge como um bálsamo para a alma. Por meio de uma análise profunda e sensível de textos bíblicos, os autores nos convidam a mergulhar na rica História da Redenção e em sua relação com vários lugares da Terra Santa.

Com linguagem acessível e convidativa, Franklin Ferreira e Jonas Madureira nos conduzem por uma jornada devocional enriquecedora, explorando temas que certamente alimentarão nossa alma. Ao longo do caminho, somos presenteados com reflexões inspiradoras e exemplos práticos que nos ajudam a compreender e aplicar os princípios da bondade divina a nossas próprias vidas.

Além disso, o livro não se limita a um mero estudo bíblico. Antes, é um convite à transformação pessoal e ao aprofundamento da fé. Ao nos conectarmos com a imensidão da bondade divina revelada nas Escrituras, somos motivados a amar, perdoar e agir com compaixão em nosso dia a dia.

Se você busca fortalecer sua fé, renovar sua esperança e encontrar inspiração na Palavra de Deus, este livro é para você. Trata-se de um guia precioso que o acompanhará em sua jornada devocional, revelando a face mais bela e transformadora de Deus: sua infinita bondade.

WILSON PORTE JR.
Professor no Seminário Martin Bucer e pastor na Igreja Batista Liberdade (Araraquara, SP)

Dados Internacionais de Catalogação na Publicação (CIP)
(Câmara Brasileira do Livro, SP, Brasil)

Ferreira, Franklin
   Meditações na Terra Santa : seguindo os passos de Jesus em Israel / Franklin Ferreira e Jonas Madureira. -- São José dos Campos, SP : Editora Fiel, 2024.

   Bibliografia.
   ISBN 978-65-5723-350-4

   1. Israel (Teologia cristã) 2. Jesus Cristo - Ensinamentos 3. Moral cristã 4. Peregrinação religiosa 5. Terra Santa I. Madureira, Jonas. II. Título.

24-208506
CDD-263.0425694

Elaborado po Tábata Alves da Silva - CRB-8/9253

Meditações na Terra Santa: seguindo os passos de Jesus em Israel

Copyright © 2024 por Franklin Ferreira e Jonas Madureira. Todos os direitos reservados.

Copyright © 2024 Editora Fiel
Primeira edição em português: 2024

Todos os direitos em língua portuguesa reservados por Editora Fiel da Missão Evangélica Literária.

PROIBIDA A REPRODUÇÃO DESTE LIVRO POR QUAISQUER MEIOS, SEM A PERMISSÃO ESCRITA DOS EDITORES, SALVO EM BREVES CITAÇÕES, COM INDICAÇÃO DA FONTE.

Os textos das referências bíblicas foram extraídos da versão Almeida Revista e Atualizada, 2ª ed. (Sociedade Bíblica do Brasil), salvo indicação específica.

Diretor: Tiago J. Santos Filho
Editor-chefe: Vinicius Musselman Pimentel
Coordenadoras gráficas: Gisele Lemes e Michelle Almeida
Editor: André G. Soares
Revisor: André G. Soares
Diagramador: Caio Duarte
Capista: Caio Duarte

ISBN brochura: 978-65-5723-350-4
ISBN e-book: 978-65-5723-349-8

Caixa Postal, 1601
CEP 12230-971
São José dos Campos-SP
PABX.: (12) 3919-9999
www.editorafiel.com.br

"CINCO EVANGELHOS REGISTRAM A VIDA DE JESUS; QUATRO VOCÊ ENCONTRARÁ NOS LIVROS [SAGRADOS] E O OUTRO VOCÊ ENCONTRARÁ NA TERRA SANTA: LEIA O QUINTO EVANGELHO, E O MUNDO DOS QUATRO SE ABRIRÁ PARA VOCÊ."

Jerônimo de Estridão, clérigo, confessor, teólogo, tradutor e historiador

AGRADECIMENTOS

Agradecemos a Tiago J. Santos Filho, diretor-executivo da Editora Fiel, por apoiar a publicação desta obra, assim como ao editor André G. Soares, pelo seu excelente trabalho de revisão e edição, assim como ao editor-chefe, Vinicius Musselman Pimentel. Este livro ficou muito melhor por conta da ajuda de todos esses amigos preciosos. Agradecemos também a David Andreata Prates e Lucas Emanuel Bernardino Santos por nos cederem as gravações de áudio e vídeo de nossas reflexões em janeiro de 2023 em Israel, que serviram de base para esta obra. Precisamos registrar nossa imensa gratidão a Israel Sayão e Rachel Sayão, os dois irmãos que dirigem a Byblos Viagens. Foi graças a eles e ao biblista Luiz Sayão, que bondosamente faz a apresentação desta obra, que começamos a viajar para Israel com grupos cristãos. Por fim, somos especialmente gratos a Deus por nossas esposas e filhos, Marilene, mãe de Beatriz, e Juliana, mãe de Heitor, Heloisa e Thiago, que têm nos apoiado com amor, bondade e fidelidade em todo o tempo.

SUMÁRIO

APRESENTAÇÃO — 12
Luiz Sayão

INTRODUÇÃO — 14
Franklin Ferreira e Jonas Madureira

1. TIBERÍADES | טבריה — 18
Franklin Ferreira

2. TEL DÃ | תל דן — 28
Franklin Ferreira

3. MONTE CARMELO | הר הכרמל — 40
Franklin Ferreira

4. NAZARÉ | נצרת — 50
Franklin Ferreira

5. RIO JORDÃO | נהר הירדן — 60
Franklin Ferreira

6. MONTES DAS BEM-AVENTURANÇAS | הר האושר — 70
Jonas Madureira

7. CAFARNAUM | כפר נחום — 80
Franklin Ferreira

8. MAR DA GALILEIA | ים כנרת — 90
Jonas Madureira

9. MAGDALA | מגדלא — 98
Franklin Ferreira

10. CORAZIM | כורזים — 108
Jonas Madureira

11. TANQUE DE BETESDA | בריכת השילוח — 118
Jonas Madureira

12. IGREJA DE SANTO ANDRÉ | כנסיית אנדרו הקדוש — 128
Franklin Ferreira

13. JARDIM DAS OLIVEIRAS | גת שמנים — 138
Jonas Madureira

14. JARDIM DA TUMBA | גן הקבר — 148
Franklin Ferreira

15. TABGHA | עין שבע — 160
Jonas Madureira

16. CESAREIA MARÍTIMA | קיסריה — 172
Jonas Madureira

17. IGREJA DE CRISTO | כנסיית המשיח — 182
Franklin Ferreira

18. MEGIDO | מגידו — 192
Jonas Madureira

19. JOPE | יפו — 204
Jonas Madureira

CONCLUSÃO — 212
Franklin Ferreira e Jonas Madureira

MAPA COM LOCAIS VISITADOS — 214

BIBLIOGRAFIA SELECIONADA — 218

APRESENTAÇÃO
LUIZ SAYÃO

APRESENTAÇÃO

É com grande alegria e satisfação que tenho o privilégio de apresentar ao amigo leitor a obra *Meditações na Terra Santa*, dos estudiosos Franklin Ferreira e Jonas Madureira, dois expoentes da empreitada teológica de afirmação das Escrituras em terras brasileiras. Quero ressaltar que essa apresentação não é mera formalidade, já que tive a grata experiência de acompanhá-los nessa jornada singular numa visita a Israel, voltada para estudos bíblicos, com a Byblos Viagens.

Como é de conhecimento praticamente universal, Israel é a terra da Bíblia e é conhecida por vários nomes nas Escrituras: Canaã, Judá/Israel e Terra Prometida. Esse é um lugar único no tempo e no espaço. O impacto do monoteísmo hebraico, marcado pelo seu desdobramento na chamada civilização judaico-cristã, mudou de modo definitivo e para sempre a história humana. A revelação divina que causou todo esse realinhamento de fé de ordem universal teve origem nessa pequena faixa de terra habitada por séculos pelo pequeno povo judeu.

A Terra de Israel sempre foi um lugar estratégico. Desde a antiguidade, foi cobiçada por egípcios, hititas, assírios, babilônios, persas, gregos, romanos, bizantinos, árabes, cruzados europeus e turcos otomanos. Todos sempre lutaram para dominar a região em função de sua localização tão especial. A chamada terra de Canaã estava situada no centro do Crescente Fértil, entre as principais civilizações do mundo antigo: a Mesopotâmia, o Egito e o Império Hitita. Ainda que alguns povos tenham chegado a Israel por via marítima (filisteus, fenícios, romanos), o trajeto terrestre marca os grandes combates da história. O Mar Mediterrâneo tem pouca profundidade naquela região, o que tornava difícil a chegada de qualquer embarcação que decidisse invadir Israel pelo mar.

Nesse lugar tão especial, depois de séculos de exílio, milhões de judeus estão de volta à Terra Prometida, conforme afirmaram os profetas, como Amós e Zacarias. Ao mesmo tempo, o avanço da arqueologia e da pesquisa histórica, principalmente nas últimas décadas, permite-nos visitar e ver de perto os lugares da história sagrada, munidos de informação e achados concretos, como jamais foi possível antes. Trata-se de novos tempos, que gerações passadas não tiveram o privilégio de experimentar. Durante anos, após dezenas de viagens a Israel, tenho tido a oportunidade de visitar esses e muitos outros lugares históricos da tradição judaica e cristã na Terra de Israel. Em minhas experiências, esse conhecimento objetivo foi muito impactante na minha caminhada de estudo e entendimento das Escrituras.

Agora, minha experiência transbordou para meus amigos teólogos. Nesta obra tão peculiar e significativa, fico feliz e honrado por ver como meus amigos Franklin e Jonas, com sua sólida fundamentação teológica, provaram o extraordinário encontro concreto, histórico e arqueológico no "lugar onde tudo aconteceu" e transbordaram essa experiência sublime em uma série de meditações que fluíram do coração. Esse encontro de erudição teológica com o conhecimento da Bíblia em 3D manifesto em meditações para a vida e a devoção é indescritível. Deus seja louvado por esta obra, que tem meu total apreço, estima e recomendação.

Parabéns aos autores. Boa viagem para todos. Tenham o privilégio de desfrutar essa singular oportunidade.

Luiz Sayão
São Paulo, maio de 2024

INTRODUÇÃO

FRANKLIN FERREIRA E JONAS MADUREIRA

INTRODUÇÃO

Se, nas famosas *Crônicas de Nárnia*, de C. S. Lewis, o protagonista é Aslam, em nossas *Meditações na Terra Santa*, a personagem de destaque é o Messias, o Senhor Jesus. Ora, assim como é importante, para falar de Aslam, contemplar Nárnia, é imprescindível, para falar de Jesus, contemplar a Terra Santa. O Verbo Encarnado não é, como diziam os escolásticos medievais, como um anjo, um ser *ilocalis*, isto é, "não localizado". Pelo contrário, nosso Senhor e Salvador, quando esteve entre nós, assumiu a natureza humana como um judeu do primeiro século, vivendo em Israel — nos tempos em que procuradores do Império Romano governavam a Judeia e Samaria, e a Galileia estava sob o domínio da dinastia herodiana.

Uma jornada que contempla a vida e obra de Jesus a partir dos lugares por onde ele passou torna demasiado rica e absolutamente iluminadora a nossa compreensão das Escrituras. É como costuma dizer nosso amigo e querido companheiro de jornadas à Terra Santa, professor Luiz Sayão: "Visitar Israel é como ler a Bíblia em 3D". Desafiados por essa frase, resolvemos reunir em um livro as exposições e meditações que realizamos em uma viagem inesquecível a Israel em janeiro de 2023. Nosso intuito é mostrar os ensinos e eventos ligados a Jesus a partir dos lugares onde aconteceram. Esperamos que os leitores não apenas captem um pouco de nosso senso de deslumbramento com a terra de Israel, mas também sejam dirigidos por nosso amor ao nosso único Salvador, o Senhor Jesus, que nasceu, viveu, morreu e ressuscitou naquela terra tão significativa para a fé cristã.

Aliás, para os cristãos, Israel é um país fascinante. Como O. Palmer Robertson escreveu, Deus "preparou [Israel como] a ponte de terra dos continentes, esse lugar onde ele pôde realizar a operação da redenção a favor de pecadores de todas as nações do mundo". E, "como um grande palco para o desenrolar do drama dos eventos críticos da redenção, essa terra serviu bem a Deus e ao homem. Ainda hoje presta um serviço relevante ao reino de Cristo. Se vista corretamente, pode reforçar, iluminar e dramatizar as verdades [...] da Bíblia. Pode inspirar um amor mais profundo à Palavra de Deus e aperfeiçoar o entendimento salvífico do plano eterno da redenção".[1] Assim, não importa quantas vezes se visite Israel, sempre haverá novas descobertas, novas reflexões sobre a fé e novas e emocionantes surpresas.

De fato, a paisagem e a geografia são importantes em toda a Escritura. Por exemplo, no Evangelho de Mateus, o tema do monte é importante na estrutura e no enredo, funcionando como o motivo literário e símbolo teológico do Evangelho. O monte é um cenário teológico para o ministério de Jesus

---

1. O. Palmer Robertson, *Terra de Deus: o Significado das Terras Bíblicas para o Plano Redentor de Deus* (São Paulo: Cultura Cristã, 2010), p. 150.

e, portanto, é importante, servindo como um dos dispositivos literários pelos quais Mateus estruturou sua narrativa: o monte da tentação (Mt 4.8), o do ensino (Mt 4.23–8.1), o da alimentação (Mt 15.21-39), o da transfiguração (Mt 17.1-9), o das Oliveiras (Mt 21.1; 24–25) e o do comissionamento (Mt 28.16-20). Esse acidente geográfico é, portanto, o ponto culminante dos três temas teológicos de Mateus, a saber, a messianidade de Jesus, o lugar do povo de Deus e o desdobramento da História da Salvação.

Além do mais, aqueles que amam os lugares tão significativos que visitamos, os quais dão testemunho da revelação do Deus de Israel na Escritura, bem como de seu amor, eleição e aliança para com seu único povo, devem ser gratos ao Estado de Israel por fomentar trabalhos arqueológicos nesses sítios e por preservar e guardar todos esses lugares, estimulando o turismo, a reflexão e o estudo num ambiente de segurança e conforto.

Nós não somos apenas professores de teologia; também somos pregadores do Evangelho. Ou seja, ensinamos em seminários e pregamos em nossas igrejas locais. Como professores, apresentamos as curiosidades relevantes, os detalhes topográficos e arqueológicos, as conexões teológicas, enfim, as histórias que marcaram os lugares por onde Jesus passou. Porém, como pregadores do Evangelho, reverberamos os ensinos do nosso Mestre, visando edificar, exortar, discipular, consolar e encorajar o povo de Deus a seguir os passos de Jesus conforme a pregação apostólica.

Este livro, porém, não é técnico ou acadêmico, um livro que adote um tom professoral (embora cada capítulo seja aberto por uma contextualização histórica e geográfica, na qual Franklin Ferreira nos apresenta o local onde se dará a meditação que vem na sequência, oferecendo dados bíblicos e arqueológicos relevantes). Esta obra, como já mencionado, é o resultado de uma excursão realizada a Israel por Byblos Viagens em 2023 e terá um tom muito mais pastoral. Os leitores mais criteriosos que almejam conhecer algumas das fontes que usamos para preparar essas reflexões poderão consultar as obras mencionadas na bibliografia.

Em suma, os leitores encontrarão aqui não somente reflexões informativas, mas sobretudo meditativas. E como é difícil meditar em nossos dias. A correria do cotidiano nos exaspera, as muitas tarefas e ocupações nos lançam numa rotina que nos impede o silêncio e o tempo adequados para a meditação. É nosso desejo que este livro sirva de auxílio para aqueles cujo intenso corre-corre e cujas múltiplas tarefas jamais darão a última palavra. Vamos juntos meditar sobre a vida e obra do Senhor Jesus, o único Messias, na Terra Santa!

και ο λογος σαρξ εγενετο και εσκηνωσεν εν ημιν
"E o Verbo se fez carne e habitou entre nós..." (Jo 1.14)

CAPÍTULO 1
TIBERÍADES
טבריה

FRANKLIN FERREIRA

Construído no século I d.C. por Herodes Antipas, algoz de João Batista (Mt 14.1-12), o Anfiteatro Romano de Tiberíades podia abrigar até 7.000 pessoas.

VEJA MAIS DO
ANFITEATRO ROMANO
DE TIBERÍADES:

Situada às margens do Mar da Galileia, em Israel, Tiberíades é uma cidade de grande importância na história e na Bíblia. Sua fundação remonta a cerca de 20–30 d.C., por Herodes Antipas, filho de Herodes, o Grande, sendo nomeada em homenagem ao imperador romano Tibério César. Ao longo do tempo, a cidade se tornou um centro significativo no âmbito político, religioso e cultural na antiguidade. Embora não seja mencionada diretamente nos evangelhos como palco de eventos importantes na vida de Jesus, Tiberíades desempenhou um papel relevante devido à sua proximidade com outras localidades citadas nas Escrituras Sagradas, como Cafarnaum, Betsaida e Corazim. A região que circunda Tiberíades foi essencial para o ministério de Jesus, mesmo que a cidade em si não seja mencionada na Bíblia.

Estrutura romana em uma das 17 fontes termais de Hammat Tiberíades

No que diz respeito às descobertas arqueológicas realizadas no local, Tiberíades se destaca como um sítio com uma história rica e diversificada. Inúmeras escavações foram feitas na cidade, revelando vestígios da era romana e bizantina — tais como ruínas de banhos romanos, um anfiteatro, mosaicos e outros edifícios característicos da época. Além disso, foram encontrados vestígios de antigas sinagogas, datadas de diferentes períodos históricos, incluindo o período romano e o período antigo tardio. Outras descobertas incluem estruturas públicas e residenciais, que evidenciam aspectos da vida urbana durante a época de Jesus — tais como casas tradicionais, ruas movimentadas e mercados animados. Também foram descobertos na área artefatos religiosos, incluindo inscrições em hebraico, moedas e objetos judaicos.

Ruínas do complexo do portão romano de Tiberíades

TIBERÍADES

Zacarias 2.11-13

¹¹ Naquele dia, muitas nações se ajuntarão ao SENHOR e serão o meu povo; habitarei no meio de ti, e saberás que o SENHOR dos Exércitos é quem me enviou a ti. ¹² Então, o SENHOR herdará a Judá como sua porção na terra santa e, de novo, escolherá a Jerusalém. ¹³ Cale-se toda carne diante do SENHOR, porque ele se levantou da sua santa morada.

PARA SUA MEDITAÇÃO:

Isaías 60.1-22; Zacarias 14.1-21; Romanos 15.8-33

Peregrinação na Terra Santa

Estamos iniciando a nossa jornada pela *Terra Santa*, para usarmos a linguagem com a qual o próprio Deus, por meio de Zacarias, designou o local que percorreremos a partir de agora. Santidade, na Bíblia, tem sempre a ver com separação, consagração. Então, quando a Escritura chama de santa a terra na qual estamos, o que ela destaca é que esse território específico foi separado e diferenciado dos demais. Deus o consagrou como habitação para os descendentes de Jacó, um povo que Deus elegeu e também santificou para si. Portanto, essa terra santa pela qual, ao longo de cada uma das reflexões a seguir, seremos conduzidos é a Terra de Israel, isto é, o território que Deus presenteou aos israelitas de modo permanente e irretratável. Um Deus santo deu uma terra santa a um povo santo.

Foi nessa obscura e estreita faixa que se passou grande parte da história bíblica e que se deram (e ainda se darão) os eventos mais importantes da história da humanidade. O local em que nos achamos é ímpar, único, inigualável, diferente de qualquer outra terra que visitemos ou em que vivamos. Essa singularidade, no entanto, não decorre das riquezas e belezas naturais da Terra Santa, mas do fato de ser essa a terra que Deus separou das demais para ser a possessão eterna de seu povo e o palco de muitos dos maiores eventos da História da Redenção. De fato, embora a região seja compacta o suficiente para ser atravessada a pé em um dia, foi palco dos eventos mais importantes da operação de Deus no mundo. A Terra de Israel está toda marcada pelas digitais de Deus, que agiu e age nesse pequeno território de modo especial desde os dias de Abraão, bem como ainda agirá nele até a segunda vinda de Jesus, o Messias de Israel e Salvador do mundo.

E o que Deus tem feito e ainda fará na Terra de Israel não diz respeito apenas ao povo ao qual ele a confiou perpetuamente, a saber, o povo judeu. Podemos definir a ação de Deus na Terra Santa em prol de Israel como um *microcosmo* do que ele tem efetuado e ainda efetuará no mundo todo em favor de todos aqueles que creem no seu Filho, independentemente de sua procedência étnica. O texto de Zacarias acima previa uma era em que muitas nações se ajuntariam ao Senhor, sendo alvo, assim, do mesmo favor que ele havia demonstrado a Israel. Não se trata da transferência da bênção de Israel para as nações, como se Israel tivesse perdido o seu lugar no plano divino. Trata-se, antes, do transbordamento macrocósmico da bênção de Israel para as demais nações. Em outras palavras, as nações gentílicas seriam agraciadas juntamente com Israel, e não em lugar e em detrimento de Israel. A mesma lógica que usamos para com os grupos nacionais pode ser aplicada às suas terras: os territórios gentílicos não seriam abençoados em lugar da Terra de Israel, mas junto com ela. A bênção superabundante de Deus procede de Israel e santifica os demais povos e territórios, mas sem abandonar o povo santo e a Terra Santa. A Bíblia ensina que Israel e a terra não são simplesmente tipos e sombras transcendidas pela igreja, mas sim um microcosmo do que Deus fará com todas as nações.

Assim, percorrer a Terra Santa não é um exercício de peregrinar por um território que, outrora glorioso e esplêndido, transformou-se em ruínas eternas depois que o seu rei se mudou para outro lugar e adotou outro povo. A Terra Santa ainda pode ser chamada de santa na Nova Aliança, da mesma forma que o povo de Israel não perdeu a sua condição de nação santa após a manifestação do Messias. Percorrer a Terra Santa, portanto, é peregrinar por um território que foi, é e ainda será o palco dos maiores eventos da História da Redenção. Essa terra definitivamente não foi abandonada por Deus, mas ainda é alvo do seu zelo e cuidado, assim como o povo judeu, que nela habita, não é um povo para o qual Deus virou as costas, pois "o Senhor herdará a Judá como sua porção na terra santa e, de novo, escolherá a Jerusalém", como lemos em Zacarias.

PEDRAS ELOQUENTES

Quando se anda pela Terra Santa, as pedras — tanto dos antigos quanto dos novos edifícios — clamam e dão testemunho da ação especial de Deus neste lugar. As histórias e profecias bíblicas ganham cor, cheiro e materialidade. Foi por isso que um pai da igreja chamado Jerônimo, numa citação que lhe é atribuída, chamou a Terra de Israel de "quinto evangelho". De acordo com ele, "entendemos as Escrituras mais claramente quando vemos a Judeia com nossos próprios olhos e descobrimos o que ainda resta de cidades antigas".[1] Outro pai da igreja, Cirilo de Jerusalém, que era pastor na Basílica do Santo Sepulcro, explicitou como o fato de viver em Jerusalém cooperava para o seu entendimento da Escritura: "Outros apenas ouvem [as histórias bíblicas]. Nós [as] vemos e tocamos".[2]

Lugares são depósitos de memórias que não param de se empilhar, e a Terra de Israel é, por excelência, o local no qual podemos acessar o depósito que guarda as relíquias sagradas da maior das histórias, aquela que abrange todas as outras: a História da Redenção. Peregrinar na Terra Santa, embora não seja um mandamento para os cristãos, é, por certo, um exercício que tem o potencial de nos levar a uma apreciação mais intensa e realista das ações de Deus

1 Jerônimo, *Praefatio in Libro Paralipomenon*, PL 29, 401.
2 Cirilo de Jerusalém, *Catechetical Lectures*, 14.22-23; 13.22.

na história, bem como de aguçar a nossa esperança quanto àquilo que ele ainda fará neste lugar e que deixará o mundo todo maravilhado.

UMA VIAGEM SACRAMENTAL

Em uma de suas obras, N. T. Wright faz um importante relato autobiográfico sobre a mudança de sua percepção quanto à peregrinação na Terra Santa. A sua experiência de ir a Israel, em suas próprias palavras, o ajudou a reconhecer a "qualidade sacramental de todo o mundo criado por Deus". Isso significa que "os lugares onde Jesus andou e falou, onde ele nasceu, viveu, morreu e ressuscitou podem ser vistos, e têm sido por alguns, como sinais efetivos de sua presença e amor, meios efetivos de sua graça". Com detalhes, Wright descreve a maneira como veio a compreender com maior profundidade a importância de se visitar a Terra Santa:

> O exemplo supremo, no entanto, em minha própria vida, veio em minha primeira visita à Igreja do Santo Sepulcro em Jerusalém. Foi em 1989. [...] Viajei para Israel no Domingo de Ramos [...]. Deliberadamente não fui à Igreja do Santo Sepulcro, a igreja construída sobre o local do Calvário, até a Sexta-Feira Santa, quando me juntei bem cedo a um grupo que fazia as Estações da Cruz. Eu queria que minha primeira visita à igreja fosse num contexto de adoração apropriado, não como um turista. [...] Encontrei um canto do edifício com uma capela lateral, que parecia silenciosa, distante do barulho e da agitação, e fiquei ali a manhã inteira.
>
> Enquanto pensava e fazia minhas orações naquele ponto, a poucas jardas do lugar onde Jesus morrera, descobri que de algum modo, de uma maneira que ainda é difícil de descrever, toda a dor do mundo parecia estar reunida ali [...]. E então, enquanto eu continuava a refletir e a orar, as mágoas e dores de minha própria vida surgiram para serem revistas [...]. [Esse] foi um momento — na verdade duas ou três horas — de grande intensidade, no qual a presença de Jesus, o Messias, no lugar onde a dor do mundo se concentrara, se tornou mais e mais a realidade central. Por fim, emergi dentro de uma luz intensa, como se tivesse sido lavado espiritual e emocionalmente, e entendendo — ou ao menos vislumbrando — de uma nova maneira o que poderia significar supor que um ato, em um lugar em determinado tempo, poderia de algum modo reunir as esperanças e medos de todos. Eu havia me tornado um peregrino.

O que descobri foi [...] algo que pessoas menos racionalistas sempre apreciaram, e teólogos menos dualistas sempre abraçaram: que lugares e prédios (podem e) carregam memória, poder e esperança; e que os lugares onde Jesus andou e falou, sofreu, morreu e ressuscitou podem ressoar, e de fato ressoam, como o significado daquilo que ele fez [...].

Como seguidores do Cristo ressurreto somos convidados a contemplar o lugar onde ele esteve e a reconhecer que há mais para segui-lo do que a geografia. "Venham, vejam o lugar" é importante, mas devemos equilibrá-lo com "Ele não está aqui; ele ressuscitou".

Wright, além disso, fornece três motivos pelos quais a peregrinação à Terra Santa, ainda que não seja mandatória para cristãos e possa ser usada por comerciantes da fé, tem o potencial de ser muito benéfica para os seguidores de Jesus. Em primeiro lugar, ela coopera com o ministério de ensino da igreja, instruindo os cristãos sobre as raízes de sua fé. Em segundo lugar, ela estimula a oração, na medida em que os cristãos, presentes nos locais onde se passaram as histórias que sempre ouviram, têm a sua imaginação incitada, de maneira que conseguem vislumbrá-las com maior nitidez e vivacidade. Em terceiro lugar, ela pode transformar os cristãos em discípulos melhores, visto que, inspirados pelo contato com os lugares em que se passou a história bíblica, eles se sentirão estimulados a trabalhar para que o que foi feito na Terra Santa impacte o mundo inteiro.

Por fim, o autor arremata:

> Tendo isso claro, temos todas as razões para considerar o ato da peregrinação como uma metáfora do progresso do peregrino, ou até mesmo um sacramento para isso, através da vida presente, até a vida vindoura. Como todos os sacramentos, ela está aberta para o abuso de ser tratada magicamente, como se ir a um determinado lugar automaticamente lhe acrescente graça [...]. O abuso, no entanto, não anula o uso. Nossa jornada presente verdadeiramente pode se tornar um meio de graça, se nos aproximarmos dela da maneira correta.[3]

O nosso objetivo neste livro é que a nossa jornada na Terra Santa realmente seja uma espécie de meio de graça para você, leitor. Todas as reflexões contidas neste volume, incluindo a presente, foram originalmente feitas no ambiente sagrado e inspirador da Terra de Israel, que Deus escolheu dentre todas as demais. Esperamos que seja notório que escrevemos como pessoas que foram profundamente impactadas pelo que viram, tocaram e sentiram na Terra Santa. Além de termos ouvido o testemunho dos apóstolos na Bíblia Sagrada, tivemos a oportunidade de escutar o testemunho das pedras israelitas, as quais nos ajudaram a entender de maneira muito mais vívida e clara a mensagem dos autores canônicos. Sim, as pedras israelitas falam, e nós as ouvimos. Agora, impactados pelo que delas escutamos, queremos compartilhar algumas breves reflexões que fizemos ao longo de toda a extensão da Terra Santa.

---

3 N. T. Wright, *O Caminho do Peregrino: a Vida Cristã É uma Jornada Espiritual* (Brasília: Palavra, 2011), p. 13-23, 129-130.

CAPÍTULO 2

TEL DĀ
תל דן

FRANKLIN FERREIRA

O Portão Canaanita, também chamado de Portão de Abraão, foi construído no século XVIII a.C. como parte do complexo de defesa que cercava a cidade de Laís, posteriormente rebatizada como Dã (Jz 18.29).

VEJA MAIS DO PORTÃO CANAANITA:

CONTEXTO HISTÓRICO E GEOGRÁFICO DE TEL DĀ

TEL DÃ

Tel Dã é um sítio histórico localizado no norte de Israel, próximo à fronteira com o Líbano. Possui relevância tanto para a história de Israel quanto para os relatos bíblicos. É provável que Tel Dã seja a cidade mencionada nas narrativas sobre Abraão e Ló (Gn 14.14). Posteriormente, tornou-se uma cidade significativa no Reino do Norte de Israel, recebendo seu nome em homenagem a Dã, um dos doze filhos de Jacó. Jeroboão I, o primeiro rei do Reino do Norte, entre 931 e 910 a.C., estabeleceu um santuário em Dã, onde os israelitas adoravam bezerros de ouro, prática condenada pelos profetas (1Rs 12.28-30). Essa mudança no culto prescrito pelo único Deus foi um ponto crucial na divisão entre o Reino do Norte e o Reino do Sul.

As escavações arqueológicas realizadas em Tel Dã revelaram antigas fortificações e estruturas, incluindo um portal com três entradas, o "Portão de Abraão", que consiste nos arcos mais antigos descobertos em Israel, construídos por volta de 1750 a.C., durante a era canaanita. Essa construção destaca a importância estratégica da região ao longo dos tempos. Um achado notável em Tel Dã foi uma inscrição em aramaico que faz menção à "Casa de Davi", bem como a um "Rei de Israel" e um "Rei da Casa de Davi". Essa inscrição representa uma das mais antigas provas arqueológicas da existência de Davi como figura histórica. Além disso, Tel Dã era de grande importância estratégica devido à sua localização. A cidade estava em uma importante rota comercial, tornando-se um ponto crucial para o comércio e a defesa de Israel.

Estela de Tel Dã, a mais antiga referência extrabíblica a Davi (século IX–VIII a.C.)

Lugar alto construído por Jeroboão I no século X a.C. (1Rs 12.28-29) e reformado nos séculos subsequentes

Lucas 24.13-27

¹³ Naquele mesmo dia, dois deles estavam de caminho para uma aldeia chamada Emaús, distante de Jerusalém sessenta estádios. ¹⁴ E iam conversando a respeito de todas as coisas sucedidas. ¹⁵ Aconteceu que, enquanto conversavam e discutiam, o próprio Jesus se aproximou e ia com eles. ¹⁶ Os seus olhos, porém, estavam como que impedidos de o reconhecer. ¹⁷ Então, lhes perguntou Jesus: Que é isso que vos preocupa e de que ides tratando à medida que caminhais? E eles pararam entristecidos. ¹⁸ Um, porém, chamado Cleopas, respondeu, dizendo: És o único, porventura, que, tendo estado em Jerusalém, ignoras as ocorrências destes últimos dias? ¹⁹ Ele lhes perguntou: Quais? E explicaram: O que aconteceu a Jesus, o Nazareno, que era varão profeta, poderoso em obras e palavras, diante de Deus e de todo o povo, ²⁰ e como os principais sacerdotes e as nossas autoridades o entregaram para ser condenado à morte e o crucificaram. ²¹ Ora, nós esperávamos que fosse ele quem havia de redimir a Israel; mas, depois de tudo isto, é já este o terceiro dia desde que tais coisas sucederam. ²² É verdade também que algumas mulheres, das que conosco estavam, nos surpreenderam, tendo ido de madrugada ao túmulo; ²³ e, não achando o corpo de Jesus, voltaram dizendo terem tido uma visão de anjos, os quais afirmam que ele vive. ²⁴ De fato, alguns dos nossos foram ao sepulcro e verificaram a exatidão do que disseram as mulheres; mas não o viram. ²⁵ Então, lhes disse Jesus: Ó néscios e tardos de coração para crer tudo o que os profetas disseram! ²⁶ Porventura, não convinha que o Cristo padecesse e entrasse na sua glória? ²⁷ E, começando por Moisés, discorrendo por todos os Profetas, expunha-lhes o que a seu respeito constava em todas as Escrituras.

PARA SUA MEDITAÇÃO:

Neemias 8.1-8; Salmo 19.7-14; 2 Timóteo 3.14-17; Atos 8.26-40; 1 Coríntios 15.1-5

Aula de Antigo Testamento na Terra Santa

De acordo com o Antigo Testamento, depois da morte de Saul, uma guerra civil se instaurou em Israel. As tribos do Norte, que se submeteram ao governo de Isbosete, filho de Saul, e as do Sul, que elegeram Davi como rei, se dividiram e só foram reunificadas pelo filho de Jessé com muito custo (2Sm 2.1–5.5). Assim, depois de reinar apenas sobre Judá por cerca de sete anos e meio, Davi logrou reinar sobre todas as tribos de Israel, "desde Dã", onde agora estamos, no extremo norte de Israel, "até Berseba" (2Sm 3.10; 24.2, 15). Salomão, filho de Davi, herdou de seu pai um reino unificado e o consolidou, também governando "desde Dã até Berseba" (1Rs 4.25). O período em que Davi e Salomão reinaram sobre todo o Israel é a era de ouro da história da nação.

Contudo, depois dessa fase gloriosa, as tribos mais uma vez se dividiram e nunca mais voltaram a estar sob a liderança de um só monarca, embora a esperança de que, um dia, um descendente messiânico de Davi novamente reinaria sobre todo o Israel, promovendo a reunificação das tribos, "desde Dã até Berseba", tenha se mantido viva ao longo de toda a história antiga do povo judeu. Essa expectativa continuava muito presente nos dias de Jesus e compõe o pano de fundo teológico para o conhecido diálogo entre o nosso Senhor e os dois discípulos a caminho de Emaús.

O ASSASSINATO DE DEUS

Quando lemos os Evangelhos Sinóticos (Mateus, Marcos e Lucas), não obstante as intenções e ênfases peculiares de cada escritor, descobrimos que há muitos elementos harmônicos e simétricos entre eles. Em muitos casos, eles relatam as mesmas histórias, usando, com frequência, um linguajar quase idêntico. Contudo, apesar da grande quantidade de material e vocabulário que os evangelistas sinóticos compartilham, cada um deles também traz histórias peculiares e únicas. O diálogo de Jesus com os dois discípulos a caminho de Emaús, por exemplo, só nos é contado por Lucas.

Não é possível estarmos certos acerca da localização de Emaús. O relato bíblico apenas menciona que esse lugar ficava a 60 estádios de Jerusalém, ou seja, a cerca de 11 quilômetros. Também não sabemos quem era Cleopas, que não aparece em mais nenhuma passagem bíblica. Contudo, independentemente da localização de Emaús e da identidade dos dois discípulos que para lá se dirigiam, o que precisamos saber é o que o texto diz: enquanto caminhavam, travavam um diálogo sobre a morte recente de seu Mestre. Além disso, Lucas também menciona que os olhos deles estavam como que fechados, de modo que não puderam reconhecer Jesus, quando este se aproximou deles. A sugestão do autor, que pode parecer espantosa para muitos, é que o próprio Deus vendou os olhos desses discípulos, os quais, como consequência, não foram capazes de identificar o seu Senhor. O próprio Deus agiu ativamente sobre esses dois homens, cegando-lhes o entendimento.

Jesus, conforme o texto, interpela seus dois discípulos, questionando-os sobre o assunto de sua conversa. Entristecidos e, ao mesmo tempo, incomodados com a ignorância do desconhecido peregrino, eles lhe respondem de maneira rude: "És o único, porventura, que, tendo estado em Jerusalém, ignoras as ocorrências destes últimos dias?" (v. 18). Jesus insiste e lhes pede que digam a quais acontecimentos se referem. Os dois discípulos, então, começaram a falar a respeito de Jesus, procedente de Nazaré, que, embora tenha sido um profeta poderoso em obras e palavras, foi entregue à morte pela liderança do povo.

É relevante que os dois discípulos tenham atribuído a morte de Jesus às autoridades religiosas do povo judeu, uma vez que setores importantes da igreja, ao longo da história, imputaram um hediondo pecado ao povo judeu como um todo: o deicídio, isto é, o assassinato do Deus Filho. Assim, segundo muitos cristãos, os judeus, enquanto entidade étnico-nacional, foram rejeitados por Deus, de sorte que sua herança foi passada aos gentios. No entanto, o relato bíblico salienta que não foi todo o povo judeu que crucificou Jesus, mas apenas "os principais sacerdotes e as nossas autoridades" (v. 20), ou seja, a liderança religiosa do povo. Foi esse grupo que entregou Jesus aos romanos, o poder constituído, para que fosse condenado à morte por crucificação — uma morte bárbara, designada aos piores rebeldes. O relato de Lucas nos mostra dois judeus que seguiam Jesus e entendiam que não tinham sido todos os judeus os responsáveis por impingir tamanha maldade ao Messias.

A REDENÇÃO DE ISRAEL

O versículo 21 é importante dentro da estrutura de Lucas, pois relata que havia nos discípulos a expectativa de que Jesus seria aquele que redimiria Israel. Por causa do suposto pecado de deicídio praticado pelos judeus, teólogos cristãos na Antiguidade e mesmo na Reforma ensinaram que a igreja seria o novo Israel, substituindo o antigo. Era como se Deus tivesse uma oliveira, Israel, mas, tendo ficado insatisfeito com ela, arrancou-a e plantou em seu lugar outra, a igreja. Todavia, dentro da estrutura de Lucas, a noção de redenção de Israel é pervasiva. Ela está presente tanto na boca desses dois homens quanto em Atos 1.6, quando os discípulos, pouco antes da ascensão de Cristo aos céus, lhe perguntam quando o reino de Israel seria restaurado. Apesar desses dados presentes nos escritos lucanos, nós, cegos pelas nossas preconcepções, frequentemente não somos capazes de enxergar que Jesus nunca repreendeu os seus discípulos por causa da expectativa que tinham de que

Israel fosse restaurado um dia. Jesus simplesmente responde aos seus discípulos que não lhes compete saber os tempos determinados pelo Pai, mas não nega que voltará para restaurar Israel. A única oliveira permanece plantada, e nós, gentios, estamos sendo graciosamente enxertados nela.

Assim, o ensino de Jesus registrado, de forma mais geral, no Novo Testamento e, de maneira mais específica, nos escritos de Lucas parece incluir a restauração do antigo reino glorioso dos dias de Davi e Salomão. A nítida expectativa dos primeiros discípulos — que não parece infundada, mas baseada no ensino do próprio Jesus — era que o seu Mestre, o Messias, promoveria a reunificação das doze tribos de Israel. Como descendente de Davi e à semelhança dele, Jesus reinaria sobre todo o Israel na Terra Prometida, "desde Dã até Berseba". A cidade onde agora nos achamos demarcaria, mais uma vez, o extremo norte da Terra Santa, que seria de novo o território das doze tribos de Israel, reagrupadas sob a liderança de um descendente de Davi, Jesus.

UMA AULA DE ANTIGO TESTAMENTO COM JESUS

Além disso, os dois discípulos, enquanto se dirigiam para Emaús, ainda mencionam que os fatos que relataram para Jesus haviam acontecido três dias antes. Também referem o testemunho das mulheres a respeito do túmulo vazio — algo espantoso, haja vista o pouco valor que se dava à palavra das mulheres no mundo antigo. A partir desse ponto, Cristo começa a repreendê-los: "Ó néscios e tardos de coração para crer tudo o que os profetas disseram! Porventura, não convinha que o Cristo padecesse e entrasse na sua glória?" (vs. 25-26). Então, Jesus, o Cristo (isto é, o Messias, o Ungido), começou a expor para os seus dois discípulos os textos messiânicos daquilo que chamamos de Antigo Testamento (a Bíblia Hebraica ou *Tanakh*, para usarmos as designações judaicas): "... e, começando por Moisés, discorrendo por todos os Profetas, expunha-lhes o que a seu respeito constava em todas as Escrituras" (v. 27).

Parece que Jesus não cita versículos ou trechos isolados do Antigo Testamento para mostrar o que foi profetizado sobre ele. Essa seria a prática das próximas gerações de seguidores de Jesus. É consenso que os cristãos, a partir do século II, andavam com rolos que continham coletâneas de passagens-chave do Antigo Testamento, a fim de que, no debate com judeus e pagãos, pudessem argumentar que as Escrituras hebraicas possuíam profecias a respeito de Jesus. Essa prática não está errada, mas o que parece que Jesus faz é mostrar que um cordão dourado perpassava todo o Antigo Testamento, unificando sua mensagem e história em torno da figura do Messias. Segundo os antigos Escritos sagrados de Israel, era necessário que o Messias viesse para selar o pacto que as pessoas divinas haviam firmado entre si desde a eternidade passada, segundo o qual o Messias sofreria para salvar um povo para Deus e, como recompensa, seria maximamente glorificado e exaltado.

Também é importante notar que, quando lemos o versículo 27 em conjunção com o 44, fica claro que Jesus não usa a ordem canônica da tradução grega do Antigo Testamento, a Septuaginta (a mesma ordem que as nossas Bíblias ocidentais utilizam), mas segue o cânon tripartite da Bíblia Hebraica, que possuía três seções: a Lei (chamada de [escritos de] Moisés no v. 27), os Profetas e os Escritos (chamados de Salmos no v. 44). Em outras palavras, Jesus abre os olhos dos discípulos para que percebam que, ao longo de todo o Antigo Testamento, há um fio condutor que culmina nele mesmo, o Messias judeu que foi preordenado desde antes da fundação do mundo para cumprir o plano divino de salvar os piores pecadores e reuni-los em um único povo, o povo de Jacó/Israel.

A NECESSIDADE DE SE LER E ENTENDER O ANTIGO TESTAMENTO

Diante dessas constatações, devemos fazer três perguntas. A primeira é muito importante: temos lido o Antigo Testamento? Visto que o nosso foco ao longo da jornada que empreendemos neste livro é a vida de Jesus, não temos muito espaço para ampliar nossas reflexões a respeito do Antigo Testamento. Contudo, essa seção equivale a dois terços de nossa Bíblia. Uma heresia que surgiu a partir dos séculos II e III foi o marcionismo — curiosamente, uma das heresias menos estudadas pelos eruditos —, que ensinava que só o Novo Testamento era Palavra de Deus. Os marcionitas rejeitavam completamente o Antigo Testamento. Muitos cristãos modernos, na prática, agem como bons seguidores de Marcião, como se o "deus" do Antigo Testamento, por ser da carne e da matéria, fosse malvado, enquanto o "Deus" do Novo Testamento seria bom, já que veio para salvar o espírito. No entanto, Jesus abriu os olhos dos seus discípulos para que entendessem e conhecessem a pessoa do Messias na Lei, nos Profetas e nos Escritos, ou seja, no Antigo Testamento como um todo. Nós realmente temos lido o Antigo Testamento? O Antigo Testamento é Palavra de Deus, é Escritura Sagrada soprada pelo Espírito, como Paulo disse em 2 Timóteo 3.16. O Antigo Testamento é a base da nossa fé, ao passo que o Novo Testamento, sendo uma interpretação inspirada do Antigo, mostra que as promessas de Deus do passado foram cumpridas em Jesus. Isso nos assegura que as outras grandes promessas serão cumpridas no futuro.

A segunda pergunta é: como temos lido a primeira grande seção de nossas Bíblias? Estamos nessa jornada pela Terra Santa com a intenção de oferecer a você, leitor, a Bíblia em "3D", o chamado "quinto evangelho". Ao andarmos pelos espaços sagrados desse território, tocando, sentindo e vendo os cenários das histórias bíblicas, não podemos mais ler o Antigo Testamento como se fosse uma alegoria. Precisamos lê-lo sobre suas próprias bases — ler lei como lei, narrativa como narrativa, profecia como profecia, poesia como poesia, sabedoria como sabedoria. Temos de amar o Antigo Testamento a ponto de respeitar a gramática que o próprio Deus inspirou para comunicar as verdades presentes na Bíblia. Não podemos mais, por exemplo, ler a narrativa de Davi e Golias e nos concentrar nos significados supostamente ocultos das pedras que o jovem belemita usou para matar o gigante. Isso é desonrar a Palavra de Deus! Precisamos ler as histórias como são. Davi derrubou Golias com uma pedrada, arrancou sua cabeça com a espada do próprio gigante, suspendeu-a para que todo o Israel contemplasse a vitória e, assim, fosse encorajado. Então, os guerreiros israelitas marcharam contra os filisteus e prevaleceram por completo. O autor bíblico não quer que busquemos significados ocultos nas pedras de Davi, mas que vibremos com a maravilhosa literalidade do relato.

A terceira e última pergunta é: temos encontrado o Messias ao lermos o Antigo Testamento? Os puritanos do século XVII diziam que não lemos o Antigo Testamento corretamente enquanto não encontramos o Messias em cada linha. Contudo, não precisamos alegorizar o texto bíblico para encontrarmos Jesus nele. Quando, em Gênesis 15, Deus faz um pacto com Abraão e o sela com sangue, isso nos remete ao único Messias que viria. As orientações para os sacrifícios no Tabernáculo em Êxodo e Levítico são figuras que nos levam a ansiar pela vinda do Messias. Os Salmos estão cheios de cantos de louvor ao Messias, que, com seu sangue, vem selar o pacto que Deus estabeleceu com seu povo. Os profetas, em diversas passagens, nos convidam a ler o Antigo Testamento do começo ao fim e a desejar o Messias, que estabeleceria uma nova e inquebrável aliança. Será que temos encontrado o Messias no Antigo Testamento, a ponto de sermos tocados e termos nossa fé em Cristo Jesus fortalecida? Junto com os discípulos a caminho de Emaús, precisamos ter nossos olhos abertos e nossos corações aquecidos para vermos Cristo no Antigo Testamento, de sorte que nossa fé seja edificada sobre o firme fundamento da Escritura Sagrada, cujo cerne é Jesus, o Messias.

CAPÍTULO 3

MONTE CARMELO
הר הכרמל

FRANKLIN FERREIRA

O Monte Carmelo, ao fundo, pode ser observado a partir das ruínas de um assentamento cruzado no sítio arqueológico de Tel Yokneam, no Vale de Jezreel, onde, conforme uma lenda medieval, Caim teria morrido.

VEJA MAIS DE
TEL YOKNEAM:

CONTEXTO HISTÓRICO E GEOGRÁFICO DO MONTE CARMELO

MONTE CARMELO

O Monte Carmelo, localizado no noroeste de Israel, perto da cidade de Haifa, desempenha um papel significativo na Bíblia. Um dos eventos mais famosos relacionados ao Monte Carmelo é a disputa entre o profeta Elias e os seguidores de Baal, a qual ocorreu em algum momento entre 873 e 852 a.C., na época do rei Acabe, que governava o Reino do Norte (1 Reis 18). Nessa ocasião, Elias desafia os seguidores de Baal a participar de uma disputa sobre quem era o deus verdadeiro: Yahweh ou Baal. A vitória de Elias ocorre quando o Senhor envia fogo para consumir seu sacrifício, enquanto Baal não responde aos seus seguidores. Esse episódio é emblemático na história de Israel, evidenciando o poder do único Deus e a futilidade da adoração a outras divindades, que não existem.

Além disso, o Monte Carmelo é reconhecido como um local para oração e refúgio. Em momentos de adversidade e perigo, Elias busca abrigo nessa montanha. Ela também simboliza beleza, fertilidade e prosperidade. Por exemplo, em Isaías 35.2, ela é usada como símbolo de prosperidade e, em Cântico dos Cânticos 7.5, é comparada à beleza da Sulamita. Devido à sua localização acima do Vale de Jezreel, que proporciona uma visão panorâmica da região circundante, o Monte Carmelo tem importância estratégica desde tempos antigos.

Um dos locais religiosos mais famosos situados no Monte Carmelo é o Mosteiro de Stella Maris, também conhecido como Mosteiro de Nossa Senhora do Monte Carmelo. Esse mosteiro serve como a principal sede da Ordem dos Carmelitas, constituindo um centro espiritual para seus membros. A construção atual do mosteiro foi erguida nos primeiros anos do século XIX, embora a presença dos carmelitas na região remonte aos tempos das Cruzadas. Uma escultura impressionante em pedra representa o profeta Elias, com sua espada flamejante apontando para o céu, enquanto derrota um sacerdote de Baal. Há uma inscrição trilíngue em latim, árabe e hebraico na base da estátua: "Suas palavras queimavam como uma tocha ardente. Elias, o profeta, emergiu rapidamente como uma chama" (Eclesiástico 48.1). Nas terras abaixo, situa-se o riacho Quisom, para onde Elias conduziu os sacerdotes de Baal que derrotara a fim de executá-los (1Rs 18.40).

Estátua do profeta Elias no pátio do Mosteiro de Stella Maris

Vista do Porto de Haifa (Mar Mediterrâneo) a partir do Monte Carmelo

MEDITAÇÃO NO MONTE CARMELO

Malaquias 4.5-6

⁵ Eis que eu vos enviarei o profeta Elias, antes que venha o grande e terrível Dia do Senhor; ⁶ ele converterá o coração dos pais aos filhos e o coração dos filhos a seus pais, para que eu não venha e fira a terra com maldição.

PARA SUA MEDITAÇÃO:

Deuteronômio 6.1-9; Jeremias 35.1-19; Efésios 6.1-4; 2 Timóteo 1.3-5

Famílias restauradas na Terra Santa

Nosso desafio enquanto peregrinamos pela Terra Santa é conectar os lugares que visitamos com a vida de nosso Salvador. É natural, então, que a maioria de nossas meditações se baseie em textos do Novo Testamento. Desta vez, no entanto, inspirados pelo local onde estamos, o Monte Carmelo, intimamente relacionado à história do profeta Elias (1Rs 18), meditaremos brevemente sobre a passagem veterotestamentária acima, a qual conecta essa grande figura da história de Israel com Jesus, o protagonista da história bíblica. O nosso texto une o Antigo Testamento ao Novo. Com efeito, existe uma continuidade entre as duas grandes seções da Bíblia. No que diz respeito à aliança, ao reino e vários outros temas que estão presentes em ambas as partições da Bíblia, a mensagem do Antigo continua no Novo.

Elias foi um dos maiores profetas do Antigo Testamento, atuando especialmente no Reino do Norte (lembre-se de que, como vimos no capítulo anterior, as tribos de Israel se dividiram após a morte de Salomão). O Reino do Sul tornou-se a sede da dinastia de Davi, mas o reino do Norte, onde imperou uma grande instabilidade política, foi comandado por diversas casas reais ímpias. Uma sucessão de reinados desastrosos (do ponto de vista religioso) conduziu a nação à idolatria e à sua consequente destruição.

Elias exerceu o seu ministério profético num momento crítico da história de Israel, quando Acabe e Jezabel desempenhavam um dos reinados mais funestos da história da nação.

Outro profeta, Malaquias, que viveu alguns séculos depois, deixou claro como os antigos relatos bíblicos a respeito daquele que aniquilara os profetas de Baal prenunciavam a manifestação de uma nova era. Malaquias é o último livro do Antigo Testamento, escrito no período pós-exílico. O profeta inicia seu livro falando da eleição de Judá — Deus graciosamente escolheu Jacó, mas rejeitou a Esaú. A terra de Edom, habitada pelos descendentes de Esaú, estava destinada a ser um deserto, mas Deus cuidaria de Jacó por causa de sua aliança e de seu irretratável amor eletivo (Ml 1.1-5).

A profecia registrada em Malaquias 4.5-6 previa que Deus, um dia, enviaria o profeta Elias novamente aos filhos de Israel, inaugurando o "grande e terrível Dia do Senhor", o dia em que Deus vindicaria o seu povo e se vingaria dos seus inimigos. O Novo Testamento consistentemente constata que essa profecia concernente ao envio de Elias se cumpriu em João Batista (Mt 11.14; 17.10-13). Isso não quer dizer, evidentemente, que João Batista fosse uma reencarnação de Elias — afinal, Elias sequer morreu (2Rs 2.11)

—, mas que, como explica Lucas, João seria aquele que, "no espírito e poder de Elias", converteria "o coração dos pais aos filhos, converter[ia] os desobedientes à prudência dos justos e habilitar[ia] para o Senhor um povo preparado" (Lc 1.17).

A BÊNÇÃO E A MALDIÇÃO DO DIA DO SENHOR

Quando colocamos essa passagem de Malaquias no contexto maior da fé bíblica, o Dia do Senhor começa com a vinda de nosso Salvador e termina no dia do Armagedom. Trata-se, portanto, de uma era. Assim, podemos afirmar que já vivemos no chamado Dia do Senhor profetizado por Malaquias e tantos outros profetas, visto que, para nós, a etapa final da história já teve início com a conclusão do ministério terreno de Jesus. O profeta Elias, representado por João Batista, já veio e anunciou a chegada iminente do Dia do Senhor. Esse dia (isto é, essa era) realmente foi inaugurado com a vinda daquele para quem João apontou, a saber, Jesus. Para nós, porém, esse dia é motivo de preocupação ou de alegria? Fazemos parte do povo que é salvo ou dos povos que são condenados nessa ocasião?

A mentalidade hebreia, concreta e prática, não é como a dos gregos, muito mais afeita a reflexões metafísicas e abstratas. Para que o Dia do Senhor seja um canal de bênção e salvação, precisamos fazer parte da comunidade pactual. Entretanto, como podemos saber se somos membros da aliança graciosa que o único Deus estabeleceu com seu único povo, de maneira que não sejamos feridos com a maldição que, conforme Malaquias, o Dia do Senhor traria? O próprio texto responde com uma evidência muito concreta, mostrando que os pais cujo coração se convertesse aos filhos e os filhos cujo coração se convertesse aos pais seriam poupados da condenação trazida pelo Dia do Senhor.

Quando, entre os membros de uma família, impera aquela paz que vem do alto, é possível constatar que estão conectados uns aos outros nessa aliança graciosa que Deus firmou com o povo que salvará. Essas pessoas deram ouvidos à mensagem de Elias/João Batista, de maneira que estão preparadas para o Dia do Senhor. Por outro lado, esse dia é temível para aqueles que estão fora do pacto, aqueles que não conseguem vivenciar essa paz familiar presente na Nova Aliança. Precisamos sempre nos lembrar da importância da família dentro da aliança de Deus, herança que recebemos dos hebreus. Por vezes, queremos salvar nosso país e o mundo, mas não nos atentamos para nossos familiares mais próximos. No fim, as questões mais importantes são as mais básicas.

Diante desse texto de Malaquias, devemos fazer uma autoavaliação para nos certificarmos de que estamos mesmo dentro da Nova Aliança. Os nossos corações estão quebrantados e convertidos aos nossos filhos e pais? Estamos realmente voltados para aqueles que estão mais próximos a nós? Em caso positivo, nós acolhemos em nós a mensagem de Malaquias, a mensagem de que já estamos na Nova Aliança e a desfrutamos, de sorte que fazemos parte do grupo para o qual o Dia do Senhor é motivo de intensa alegria, e não de preocupação. Se, contudo, esses relacionamentos familiares restaurados ainda não são uma realidade em nossas vidas, é tempo de nos reconectarmos com a aliança, pedindo ao único Senhor que converta nossos corações genuinamente. Caso contrário, nossa jornada por Israel seria inútil, já que nosso alvo não é apenas trazer informações sobre a história e a geografia desse país, mas vivenciar o impacto que a própria Escritura Sagrada pode causar em nós nesse território.

Em 2 Coríntios 2.15-16, Paulo diz que a mensagem de Deus é de misericórdia e de juízo, de vida e de morte. Por isso, diante do Dia do Senhor, temos apenas duas opções: ou estamos debaixo da misericórdia, vivenciando relacionamentos restaurados, no contexto do Pacto da Graça, ou estamos debaixo da ira, esperando a severidade do juízo final, que encerrará o período que a Bíblia chama de Dia do Senhor.

CAPÍTULO 4

NAZARÉ
נצרת

FRANKLIN FERREIRA

A fotografia captura a reconstituição realista de uma típica casa nazarena da época de Jesus, a qual se acha no museu ao ar livre da Vila de Nazaré.

VEJA MAIS DA
VILA DE NAZARÉ

CONTEXTO HISTÓRICO E GEOGRÁFICO DE NAZARÉ

NAZARÉ

Nazaré, uma cidade localizada na região da Galileia, no norte de Israel, é muito importante na Bíblia, pois foi o lugar onde Jesus Cristo viveu parte de sua vida e começou seu ministério. Embora tenha nascido em Belém, entre 6 e 4 a.C., Jesus cresceu em Nazaré, onde morava com sua família. Por isso, devido à sua ligação com a cidade, ele é conhecido como "Jesus de Nazaré" (Jo 1.45; At 10.38) ou "o nazareno" (por exemplo, Mt 26.71; Mc 14.67; Lc 18.37; Jo 19.19; At 2.22). Os evangelhos mencionam que Nazaré foi o lar de Jesus com seus pais, irmãos e irmãs.

A cidade também foi palco de momentos significativos na vida de Jesus, como a rejeição de sua mensagem por parte dos habitantes locais, quando começou seu ministério na sinagoga nazarena. Foi também em Nazaré que o anjo Gabriel anunciou a Maria o nascimento de Jesus, o Filho de Deus — um evento conhecido como Anunciação, crucial para a narrativa do Novo Testamento. Nazaré é descrita como uma cidade simples e pouco notável, o que enfatiza a humildade do início da vida de Jesus. Essa simplicidade contrasta com sua missão divina e papel fundamental na História da Salvação.

Atualmente, Nazaré é famosa por sua vila arqueológica, onde foram descobertas ruínas de um antigo vilarejo que remonta à época de Jesus. As escavações revelaram residências, reservatórios subterrâneos, cavernas e outras estruturas típicas das pequenas vilas da Galileia durante o domínio romano. Essas ruínas oferecem indícios de como funcionava a vida na era de Jesus, além de fornecerem um contexto histórico valioso para as narrativas dos evangelhos e detalhes sobre a rotina diária no início da era cristã. A meditação a seguir foi realizada dentro da sinagoga reconstruída nessa vila.

Restos de uma residência da época de Jesus em Nazaré

Pastor com ovelhas na Vila de Nazaré, onde se busca reconstituir a cidade do tempo de Jesus

MEDITAÇÃO EM NAZARÉ

NAZARÉ

Lucas 1.26-38

²⁶ No sexto mês, foi o anjo Gabriel enviado, da parte de Deus, para uma cidade da Galileia, chamada Nazaré, ²⁷ a uma virgem desposada com certo homem da casa de Davi, cujo nome era José; a virgem chamava-se Maria. ²⁸ E, entrando o anjo aonde ela estava, disse: Alegra-te, muito favorecida! O Senhor é contigo. ²⁹ Ela, porém, ao ouvir esta palavra, perturbou-se muito e pôs-se a pensar no que significaria esta saudação. ³⁰ Mas o anjo lhe disse: Maria, não temas; porque achaste graça diante de Deus. ³¹ Eis que conceberás e darás à luz um filho, a quem chamarás pelo nome de Jesus. ³² Este será grande e será chamado Filho do Altíssimo; Deus, o Senhor, lhe dará o trono de Davi, seu pai; ³³ ele reinará para sempre sobre a casa de Jacó, e o seu reinado não terá fim. ³⁴ Então, disse Maria ao anjo: Como será isto, pois não tenho relação com homem algum? ³⁵ Respondeu-lhe o anjo: Descerá sobre ti o Espírito Santo, e o poder do Altíssimo te envolverá com a sua sombra; por isso, também o ente santo que há de nascer será chamado Filho de Deus. ³⁶ E Isabel, tua parenta, igualmente concebeu um filho na sua velhice, sendo este já o sexto mês para aquela que diziam ser estéril. ³⁷ Porque para Deus não haverá impossíveis em todas as suas promessas. ³⁸ Então, disse Maria: Aqui está a serva do Senhor; que se cumpra em mim conforme a tua palavra. E o anjo se ausentou dela.

PARA SUA MEDITAÇÃO:

Gênesis 22.1-18; 2 Samuel 12.15-20; Mateus 26.36-44

Submissão na Terra Santa

A narrativa do nascimento de Jesus no Evangelho de Lucas começa com um anjo fazendo um anúncio em Jerusalém. Esse anjo anuncia ao sacerdote Zacarias que, apesar de sua idade avançada e da esterilidade de sua esposa, ele ainda teria um filho, João Batista. Contudo, Zacarias se mostra incrédulo. Seis meses depois, o mesmo anjo, chamado Gabriel, aparece para uma humilde virgem na cidade onde nos achamos, Nazaré. Maria teria provavelmente entre 13 e 15 anos, a idade com a qual meninas se casavam naquela época. Então, o anjo anuncia à virgem um nascimento ainda mais importante do que aquele que, meses antes, comunicara a Zacarias.

O DIÁLOGO ENTRE UM ANJO E UMA MENINA

Para entendermos o sentido da passagem lida, um breve resumo do contexto nos será de grande valia. O relato de Lucas mostra que Maria já tinha um casamento contratado. Embora ainda não fosse de fato casada com José, era sua noiva e, portanto, tinha um compromisso formal para com ele. José é apresentado por Mateus como um carpinteiro (Mt 13.55), mas, ao mesmo tempo, era um membro "da casa de Davi", como Lucas destaca (Lc 1.27). Ele pertencia, portanto, à sagrada linhagem real de Judá. O sangue de Davi corria em suas veias.

Maria fica perplexa e com medo quando o anjo lhe aparece. O interessante é que a aparição de Gabriel tanto para Zacarias quanto para Maria foi acompanhada pelas alentadoras palavras: "não temas" (Lc 1.13, 30). Isso ocorre porque o encontro com um anjo não é uma experiência comum. Trata-se de algo chocante, espetacular, amedrontador.

Maria, então, ouve que foi agraciada, escolhida e separada por Deus para carregar um filho singular em seu ventre. Reitero que a expressão com a qual o anjo designou Maria foi "agraciada" (ARC). Não se trata de uma bênção que Maria tenha recebido por seus méritos, pois ela carecia da graça de Deus tanto quanto qualquer outro ser humano, independentemente de sua procedência étnica. O privilégio que ela recebeu, de ser mãe do Salvador, foi um ato de graça da parte de Deus.

Perturbada com a saudação que o anjo lhe dirige, Maria se esforça para entendê-la. Gabriel, então, lhe explica o motivo pelo qual podia ser chamada de agraciada: ela geraria um filho que herdaria o trono de Davi e reinaria para sempre sobre Israel. O nome que ela devia dar ao seu filho era Jesus, a forma grega do nome hebraico Josué, que significa "Yahweh é Salvador". Jesus é, assim, caracterizado como o novo Josué. O primeiro Josué foi o conquistador do território ao qual pertencia a cidade onde agora estamos. Jesus, porém, é o novo Josué, aquele que, ao contrário de seu predecessor, é capaz de levar o seu povo a herdar a Terra Santa definitivamente, sem jamais ser expulso dela.

A resposta de Maria à anunciação angelical que recebeu, ao contrário da de Zacarias, não é de incredulidade, mas de surpresa. Por não haver nada impossível para Deus, o bebê que se desenvolveria no ventre dela seria gerado pelo Espírito Santo. Em outras palavras, o bebê que nasceria de Maria seria um presente de Deus para ela, para Israel e para todas as nações. Maria, sendo uma mãe virgem, não tem participação alguma no milagre da concepção de Jesus. Ela não coopera, não faz nada. Deus age sozinho.

O EXEMPLO INSTRUTIVO DE UMA MENINA

Alguns pontos importantes merecem destaque. Em primeiro lugar, temos de notar a fidelidade de Deus às suas promessas. Elas até podem levar tempo para se realizar, mas ele sempre cumpre o que prometeu ao seu povo. As profecias sobre a vinda do Messias contidas no Antigo Testamento podem ter parecido demoradas para os que aguardavam a chegada do Salvador. No entanto, isso demonstra a soberania de Deus em seu planejamento, visto que ele age em seu tempo. A longa espera serviu para demonstrar a paciência e fidelidade de Deus à sua aliança e preparar o caminho para a chegada do Messias. Contudo, no excerto que lemos, a espera pelo tão aguardado Messias teve fim. Deus, como sempre, cumpriu as suas promessas.

Em segundo lugar, devemos enfatizar a graça de Deus em nossa salvação. Não se trata de algo que sejamos capazes de conquistar por nossos próprios méritos ou boas obras, da mesma forma que não foi por sua obediência impecável que Maria conquistou o privilégio de ser mãe do Messias. A vinda de Jesus ao mundo foi uma demonstração da graça divina tanto a Maria quanto a nós — a todos que carecem de salvação e confiam no Rei de Israel. Esse é um presente imerecido que recebemos pela fé, e não o devido pagamento que Deus nos dá como recompensa pelos bons serviços que lhe prestamos.

Em terceiro lugar, precisamos nos deslumbrar com a humildade de Jesus em sua vida terrena. Ele escolheu viver uma vida de humildade, nascendo em um estábulo em Belém e vivendo em Nazaré, uma cidade pequena e insignificante aos olhos do poder romano. A vida de Jesus em Nazaré — crescendo em uma família comum, aprendendo uma profissão comum e interagindo com pessoas comuns — mostra que Deus se identifica conosco em nossa humanidade. Ele valoriza os humildes e simples.

Por fim, temos diante de nós o exemplo de Maria, um modelo de obediência e humildade. Ela aceitou o papel que Deus lhe atribuiu com fé e submissão, mesmo diante das incertezas e desafios que enfrentou. Sua vida demonstra a importância de confiar em Deus e em sua vontade. Ao imitarmos Maria, podemos aprender a viver uma vida de entrega e obediência a Deus, buscando sua orientação e permanecendo fiéis à sua vontade. Essa simples menina virgem nos inspira a confiar em Deus, mesmo quando não entendemos seu plano. Tudo que precisamos saber é que ele é fiel às suas promessas e aliança, bem como que agirá em nosso favor no tempo certo. Somos, assim, encorajados a receber com fé a graça de Deus e a viver com humildade e devoção.

CAPÍTULO 5

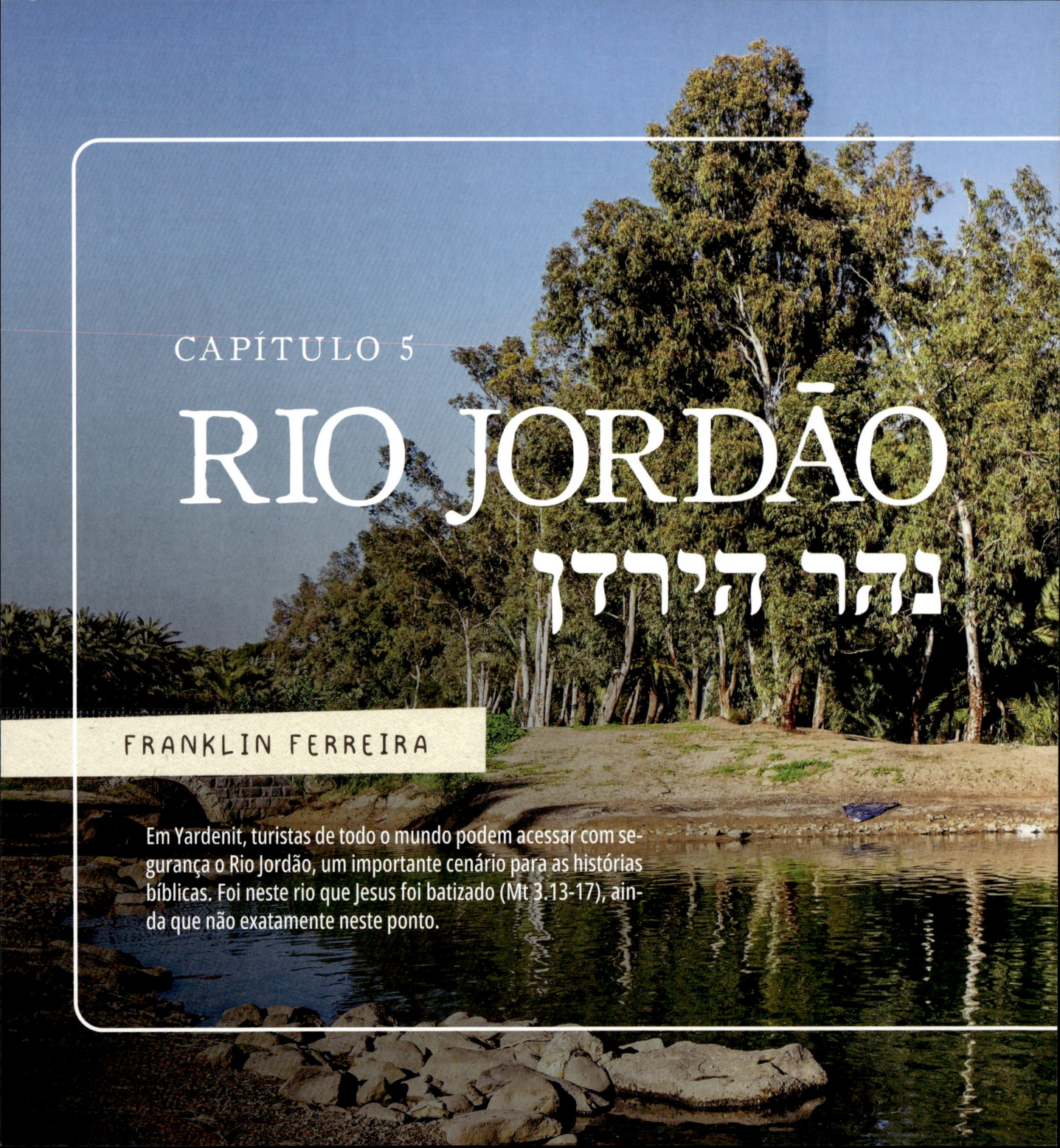

RIO JORDÃO

נהר הירדן

FRANKLIN FERREIRA

Em Yardenit, turistas de todo o mundo podem acessar com segurança o Rio Jordão, um importante cenário para as histórias bíblicas. Foi neste rio que Jesus foi batizado (Mt 3.13-17), ainda que não exatamente neste ponto.

VEJA MAIS
DE YARDENIT

CONTEXTO HISTÓRICO E GEOGRÁFICO DO RIO JORDÃO

RIO JORDÃO

O Rio Jordão percorre 251 km desde o Mar da Galileia até desaguar no Mar Morto, tendo grande relevância na história bíblica, tanto no Antigo quanto no Novo Testamento. Na história do povo hebreu registrada no Antigo Testamento, cruzar o Rio Jordão sob a liderança de Josué, por volta de 1400 a.C., foi crucial para que os israelitas entrassem na Terra Prometida (Js 3–4). Essa travessia encerrou um longo período de peregrinação pelo deserto.

No Novo Testamento, o batismo de Jesus por João Batista também ocorreu nesse rio, por volta de 28 ou 29 d.C., evento que marcou o início de seu ministério público e confirmou sua identidade como Filho de Deus e Salvador. Assim, sobretudo por sua conexão com a história de Jesus, o Rio Jordão tem sido associado a rituais de purificação, simbolizando o perdão dos pecados e um novo começo.

Yardenit, ao norte de Israel, um ponto de acesso ao Rio Jordão, se tornou um importante local de peregrinação para pessoas de todo o mundo que desejam contemplar e mesmo adentrar o rio onde eventos importantes da narrativa bíblica se passaram.

Foto aérea do Rio Jordão na região da Alta Galileia

Antiga ponte (provavelmente do período romano) construída sobre o Rio Jordão

MEDITAÇÃO NO RIO JORDÃO

RIO JORDÃO

Mateus 3.13-17

¹³ Por esse tempo, dirigiu-se Jesus da Galileia para o Jordão, a fim de que João o batizasse. ¹⁴ Ele, porém, o dissuadia, dizendo: Eu é que preciso ser batizado por ti, e tu vens a mim? ¹⁵ Mas Jesus lhe respondeu: Deixa por enquanto, porque, assim, nos convém cumprir toda a justiça. Então, ele o admitiu. ¹⁶ Batizado Jesus, saiu logo da água, e eis que se lhe abriram os céus, e viu o Espírito de Deus descendo como pomba, vindo sobre ele. ¹⁷ E eis uma voz dos céus, que dizia: Este é o meu Filho amado, em quem me comprazo.

PARA SUA MEDITAÇÃO:

Gênesis 1.1–2.3; Isaías 65.17-25; 2 Coríntios 5.17-21; 2 Pedro 3.7-13

Batismo na Terra Santa

Antes de nos determos no texto bíblico, gostaria de resumir os temas principais do Evangelho de Mateus. Temos quatro evangelhos na Bíblia. Os três primeiros, os chamados Evangelhos Sinóticos, recebem essa designação por estarem em harmonia quanto à maneira como apresentam os relatos dos principais eventos relacionados à vida de Jesus (ainda que também tenham suas diferentes abordagens e ênfases). Entre os Sinóticos, a importância peculiar de Mateus reside no fato de ter sido escrito por um judeu e destinado também para judeus. Essa é a razão para ele usar tantas citações do Antigo Testamento. A própria estrutura do Evangelho de Mateus foi meticulosamente elaborada para emular a Torá, isto é, os cinco primeiros livros do cânon bíblico. Já que os escritos de Moisés, que formam a base da Bíblia toda, são cinco (Gênesis, Êxodo, Levítico, Números e Deuteronômio), Mateus estrutura seu Evangelho ao redor de cinco grandes discursos de Jesus (capítulos 5–7, 10, 13, 18, 24–25). Os leitores judeus originais que lessem o primeiro Evangelho presumivelmente seriam capazes de perceber a conexão que Mateus faz entre os cinco discursos de Jesus com os cinco livros da Torá.

A maneira como Mateus estrutura o seu relato ainda possui outras ligações interessantes com os livros de Moisés. Por exemplo, em Mateus 5–7, Jesus prega em um monte; em Êxodo, Moisés recebe a Lei em um monte. Moisés profetiza que viria alguém semelhante a ele (Dt 18.15), e Jesus, no Sermão do Monte, faz afirmações como: "Ouvistes que foi dito [por Moisés]… Eu, porém, vos digo…" (Mt 5.21-48). No entanto, em momento algum, Jesus rompe com o que Moisés dissera por ordem divina no passado. Antes, ele confirma e aprofunda as palavras de Moisés. "Não cuideis que vim destruir a lei ou os profetas; não vim ab-rogar, mas cumprir" (Mt 5.17), disse Jesus. Essa atitude evidencia que não há uma ruptura absoluta entre o Antigo Testamento e o Novo, mas, em muitos sentidos, uma continuidade.

Após o Sermão do Monte, em Mateus 8–9, temos uma série de 11 milagres (embora alguns eruditos contem apenas nove). A função dessa seção pode ser mostrar que a manifestação do poder de Deus durante o ministério terreno de Jesus é ainda maior do que o poder que ele demonstrou durante a libertação de Israel do Egito, ao enviar dez pragas sobre a terra do faraó. Mesmo se seguirmos a contagem daqueles que enxergam apenas nove milagres em Mateus 8–9, ainda pode haver uma relação com o relato de Êxodo, uma vez que a décima praga foi a morte dos primogênitos, enquanto o maior milagre no Evangelho de Mateus seria justamente o décimo, a ressurreição do Primogênito de Deus.

Assim, ao estruturar dessa maneira seu Evangelho, Mateus quer que percebamos que Jesus traz para os seus seguidores um novo êxodo, uma libertação ainda maior e mais poderosa do que aquela que Deus efetuou no Egito. Além disso, sendo um libertador maior que Moisés, Jesus é capaz de levar o seu povo a entrar na terra e herdá-la, ao contrário de Moisés. Em suas bem-aventuranças, Jesus afirma que "os mansos […] herdarão a terra" (Mt 5.5). Moisés é retratado como o homem mais manso da Antiga Aliança (Nm 12.3), mas, mesmo assim, não herdou a Terra Prometida. Ele apenas a contemplou de longe (Dt 34.1-5). Agora, porém, na Nova Aliança, Jesus promete a todos os seus seguidores, marcados pela mansidão, uma terra literal de paz. Jesus, que é mais "manso e humilde de coração" do que Moisés (Mt 11.29), levará o seu povo a herdar o que Moisés não foi capaz de fazer o seu povo herdar.

Em suma, o que Mateus faz em seu Evangelho é mostrar que Jesus recapitula todos os eventos importantes do Antigo Testamento, mas com um poder muito maior. Em outras palavras, à medida que Jesus reconstitui seu povo e chama os gentios para fazerem parte dele, os seus seguidores experimentam uma salvação e libertação muito mais poderosa do que o povo de Deus experimentou nos dias de Moisés.

O BATISMO COMO SINAL DE UMA NOVA CRIAÇÃO

O batismo de Jesus no Rio Jordão deve ser compreendido dentro dessa estrutura que Mateus elabora. O primeiro evangelista, como vimos, quer que conectemos a história que ele conta com a Torá. Uma ligação óbvia do relato do batismo de Jesus pode ser feita com a narrativa da criação do mundo em Gênesis 1. Mais uma vez, o Espírito paira sobre as águas, enquanto se ouve a voz poderosa de Deus Pai. Mateus deseja que enxerguemos o batismo de Jesus como uma espécie de recriação. Antes de ensinar e anunciar o Reino de Deus, Jesus faz questão de ser batizado, a fim de sinalizar a chegada da nova criação.

Por consequência, quando nós, seguidores de Jesus, somos batizados, não o fazemos simplesmente para nos afiliar a uma igreja ou instituição, mas para indicar a nossa entrada no Reino de Deus, a nova criação que começou em Jesus. No presente, já podemos experimentar o poder do mundo vindouro, na medida em que fomos libertos do pecado, do diabo e do mundo. Não estamos mais sob o poder das trevas, ainda que elas ainda possam nos influenciar. No futuro, contudo, quando o plano de Deus for consumado, provaremos de maneira plena a glória, as virtudes e as excelências do Reino de Deus, quando a criação tiver sido completamente restaurada e todo mal tiver sido expurgado dela. O batismo é justamente o sinal dessa nova criação em Cristo Jesus, uma marca permanente da nova realidade de Cristo em nós.

No filme *Gladiador*, o general Maximus Decimus Meridius é traído e tem sua família assassinada. Ele é capturado e vendido como escravo para ser um gladiador. Quando em sua cela, pega uma pedra e começa a rasgar seu ombro, exatamente no local onde estavam tatuadas quatro letras: SPQR, sigla para *Senatus Populus Que Romanus*, isto é, *O Senado e o Povo Romano* — um emblema de que Maximus pertencia a Roma. No entanto, ninguém pode tirar a marca de Deus de nossas vidas: o batismo. Apesar de padecermos todo tipo de sofrimento, temos a marca permanente de Deus em nós, o emblema que indica que pertencemos a Cristo para sempre e que temos parte na nova criação.

Todos os discursos e milagres que se seguem no Evangelho de Mateus estão ligados a esse ato batismal inicial, o qual nos lembra que, em Cristo, tudo está se fazendo novo. Todos os que estão unidos a Jesus já são novas criaturas (2Co 5.17) e estão sendo recriados à imagem do próprio Cristo (Cl 3.9-10), a fim de que sejam capazes de herdar uma nova terra, completamente isenta de pecado. O batismo é, portanto, a marca que nos garante que somos herdeiros da Terra Santa restaurada. Nós somos os mansos que, conforme a promessa de Jesus, a herdarão e viverão nela para sempre. Conduzidos por um líder maior que Moisés, entraremos nessa terra e jamais seremos exilados dela.

CAPÍTULO 6
MONTE DAS BEM-AVENTURANÇAS
הר האושר

JONAS MADUREIRA

A Igreja das Beatitudes, localizada no Monte Eremos e erigida perto das ruínas de uma igreja bizantina do século IV, marca um dos possíveis locais onde Jesus proferiu o Sermão do Monte.

VEJA MAIS DA IGREJA
DAS BEATITUDES

CONTEXTO HISTÓRICO E GEOGRÁFICO DO MONTE DAS BEM-AVENTURANÇAS

MONTE DAS BEM-AVENTURANÇAS

O Monte das Bem-Aventuranças, situado no norte de Israel, é conhecido como o local tradicional do Sermão da Montanha proferido por Jesus, em Mateus 5–7. Localizado nas encostas meridionais do Planalto de Corazim, na margem noroeste do Mar da Galileia, entre Cafarnaum e o sítio arqueológico de Genesaré (Ginosar), sua altitude relativamente baixa o torna um dos cumes mais próximos ao nível do mar em todo o mundo. Ele se acha cerca de 25 metros abaixo do nível do mar e aproximadamente 200 metros acima do Mar da Galileia.

Desde o século IV, esse local, próximo a Tabgha e conhecido como Monte Eremos, tem sido associado ao famoso sermão proferido por Jesus. Outras possíveis localizações para o Sermão da Montanha incluem o Monte Arbel ou até mesmo os Chifres de Hatim. Uma igreja bizantina foi construída na encosta dessa localidade no século IV e permaneceu em uso até o século VII. Ainda são visíveis os vestígios de uma cisterna e um mosteiro a sudeste. A atual Igreja das Beatitudes, uma capela católica romana construída entre 1936 e 1938, situa-se perto das ruínas da igreja bizantina. Parte de seu piso original em mosaico foi recuperado e está em exposição em Cafarnaum.

Vista aérea da Igreja das Beatitudes com o Mar da Galileia ao fundo

Mosaico em frente à Igreja das Beatitudes que traz um exemplo do AT, um do NT e um da história da igreja para cada uma das bem-aventuranças

MEDITAÇÃO NO MONTE DAS BEM-AVENTURANÇAS

MONTE DAS BEM-AVENTURANÇAS

Mateus 5.1-2

¹ Vendo Jesus as multidões, subiu ao monte, e, como se assentasse, aproximaram-se os seus discípulos; ² e ele passou a ensiná-los...

Mateus 7.28-29

²⁸ Quando Jesus acabou de proferir estas palavras, estavam as multidões maravilhadas da sua doutrina; ²⁹ porque ele as ensinava como quem tem autoridade e não como os escribas.

PARA SUA MEDITACAO:

Deuteronômio 6.5-15; Isaías 1.10-20; Mateus 22.35-40; Romanos 6.15-23

Compromisso na Terra Santa

O Sermão do Monte é o mais belo dos sermões que o mundo já viu, justamente porque não foi pregado por um mero homem, mas por Jesus de Nazaré, o Deus encarnado. Em contrapartida, ele é, de todos os sermões, o mais confrontador. Em geral, quando o lemos, focamos apenas nos trechos famosos, como o das bem-aventuranças (Mt 5.3-12), o do sal da terra e a luz do mundo (5.13-16), o da exortação para não sermos ansiosos e buscarmos o Reino de Deus em primeiro lugar (6.25-34), o da correção de Jesus de algumas interpretações da Lei (5.17-48) e assim por diante. Lembramo-nos de tudo, mas, por vezes, nos esquecemos do contexto que abre e fecha a narrativa desse sermão. É sobre os primeiros e últimos versículos que abrem e fecham essa passagem das Escrituras que meditaremos.

O lugar onde Jesus pregou esse sermão é chamado de "Monte das Bem-Aventuranças". Trata-se de uma colina ao noroeste do Mar da Galileia com vista para Cafarnaum. Uma ravina modela a colina ao ponto de torná-la um anfiteatro natural. Ou seja, além da bela vista, o lugar é dotado de uma das características de que o pregador mais precisa para se fazer ouvir: acústica.

CÍRCULOS AO REDOR DE JESUS

Hoje, esse mesmo lugar está repleto de jardins floridos. Mas o que esse lugar nos mostra além de sua beleza? Ele nos conta uma belíssima história. Conforme as palavras que introduzem o primeiro grande discurso de Jesus em Mateus, embora as multidões estejam presentes, o sermão não foi entregue a elas, mas sim àqueles que saíram dentre elas e se aproximaram de Jesus para ouvi-lo, isto é, os seus discípulos. Por si só, esse gesto já nos ensina algo precioso: as multidões só têm a oportunidade de ouvir os ensinos de Cristo quando ele se dirige aos seus discípulos para ensiná-los. Portanto, o Sermão do Monte não foi entregue às multidões, mas aos seus seguidores mais próximos. É verdade que as multidões seguem Jesus, mas não de maneira comprometida — por vezes, acompanham-no até mesmo por interesse (de pão, peixe, curas, para citar alguns exemplos).

De fato, as multidões perfazem um círculo de seguidores menos comprometidos, preferindo o anonimato e a ausência de prestação de contas. Trata-se de um círculo no qual a individualidade se perde na coletividade. Contudo, para além do grande círculo das multidões, existem mais outros dois círculos de seguidores de Jesus: o dos discípulos que realmente o seguem e o dos discípulos que o seguem de modo ainda mais próximo. Considero este último como o círculo dos Doze, dentro do qual há também um círculo povoado apenas pelos três discípulos mais próximos: Pedro, Tiago e João. Assim, das multidões até os discípulos mais próximos de Jesus, temos uma ideia de distanciamento e aproximação.

No círculo das multidões, não há o compromisso que há entre aqueles que estão próximos de Cristo. Em outras palavras, quanto mais perto você está de Jesus, mais perto você estará de ouvir o que ele tem a dizer. Isso equivale a dizer que, quanto mais próximo o discípulo está de Cristo, mais comprometido com o discurso de Cristo estará. Tal comprometimento é transformador, visto que, quanto mais perto estivermos de Jesus, mais parecidos com ele nos tornaremos. Saímos do esconderijo descompromissado das *multidões sem rosto* para termos cada vez mais o nosso *rosto de Adão* remodelado pelo *rosto de Jesus*.

O CÍRCULO MAIS AMPLO E MENOS COMPROMETIDO

Contudo, mesmo distante de Jesus, a multidão ainda é beneficiada pelas palavras dele. Mateus narra a reação das multidões após o término do Sermão do Monte com as seguintes palavras (já citadas acima):

> ²⁸ Quando Jesus acabou de proferir estas palavras, estavam as multidões maravilhadas da sua doutrina; ²⁹ porque ele as ensinava como quem tem autoridade e não como os escribas. (Mt 7.28-29)

Jesus fala aos discípulos, mas é a multidão que fica maravilhada. Hoje, há muitas pessoas, até mesmo evangélicas, que ficam maravilhadas com os ensinamentos de Jesus, admiradas com o direcionamento para a vida que a Palavra de Deus oferece. No entanto, a admiração, por si só, não nos compromete e, portanto, não é o bastante. Encantar-se com a beleza e coesão da Palavra de Deus é natural para qualquer leitor sincero, mas isso não é suficiente, já que não envolve um engajamento pleno do coração. A multidão conseguia até mesmo distinguir Jesus dos demais mestres, reconhecendo que ele ensinava "como quem tem autoridade e não como os escribas". Esse deslumbramento, no entanto, era meramente superficial, pois procedia de um coração que admirava a forma mais do que o conteúdo, a estética mais do que a ética. Pessoas nessa posição fazem parte de uma multidão tão numerosa quanto descomprometida. Os discípulos reais de Cristo, porém, não amam apenas a maneira como ele fala, mas também o conteúdo de sua fala, incluindo os seus discursos mais duros.

DOIS TIPOS DE CASAS, DOIS TIPOS DE DISCÍPULOS

O Sermão do Monte começa com a alegria das bem-aventuranças, mas termina com uma séria advertência:

> ²⁴ Todo aquele, pois, que ouve estas minhas pa-

> lavras e as pratica será comparado a um homem prudente que edificou a sua casa sobre a rocha; ²⁵ e caiu a chuva, transbordaram os rios, sopraram os ventos e deram com ímpeto contra aquela casa, que não caiu, porque fora edificada sobre a rocha. ²⁶ E todo aquele que ouve estas minhas palavras e não as pratica será comparado a um homem insensato que edificou a sua casa sobre a areia; ²⁷ e caiu a chuva, transbordaram os rios, sopraram os ventos e deram com ímpeto contra aquela casa, e ela desabou, sendo grande a sua ruína. (Mt 7.24-27)

Jesus coloca uma espada entre as multidões e os discípulos, entre os tolos e os sábios, entre os que edificam suas casas na areia e aqueles que constroem sobre a rocha. Ele começa o seu discurso chamando para perto aqueles que querem ouvir e obedecer às suas palavras. Ninguém obedecerá a Cristo se construir a casa sobre a areia, porque construir dessa forma é construir com o tijolo das aparências e com a argamassa das palavras bonitas, porém vazias. O problema é que a casa erguida sobre a areia só aguenta até a primeira tempestade. Ora, no Reino de Deus não é assim. Nele, as casas se constroem sobre um firme fundamento. É preciso cavar bem fundo para lançar o alicerce, mas, para tanto, teremos de cavar até desaparecermos. Se ficarmos preocupados em terminar a casa logo apenas para mostrá-la e nos exibir, construiremos sobre a areia.

Jesus encerra o seu discurso mostrando apenas estes dois caminhos: o do compromisso e o do descompromisso. No caminho do compromisso, não veremos a casa pronta — pelo menos, não agora. O que primeiro veremos é um buraco cavado no chão. Uma casa que resiste às tempestades começa assim, bem feia, como um canteiro de obras. Mas, ao final, depois de acabada, ficará bonita e resistente, como a obra que vai da rude cruz à gloriosa ressurreição. Por outro lado, no caminho do descompromisso, teremos, logo de início, uma casa bela. Todavia, sem a feiura da cruz, essa bela casa não resistirá às tempestades e ruirá.

Esse sermão de Jesus é tão poderoso porque coloca uma espada no nosso caminho, uma espada que nos impede de continuarmos em cima do muro. Ou permanecemos entre as multidões, ou nos tornamos discípulos. Não há uma terceira opção. Se permanecermos nas multidões, correremos o risco de engrossar o seu coro: "Crucifica-o, crucifica-o!". No entanto, se nos tornarmos discípulos, correremos o risco de ouvir as multidões, completamente enfurecidas, pedindo que nos crucifiquem. Não tenha medo da cruz. Os discípulos de Jesus estão tão próximos dele que com ele já foram crucificados (Gl 2.20). E, porque estão tão perto dele, também com ele ressuscitarão.

CAPÍTULO 7

CAFARNAUM
כפר נחום

FRANKLIN FERREIRA

Na imagem, podem ser vistos os restos de uma imponente sinagoga do século IV ou V d.C., debaixo da qual se acha a fundação de uma construção do século I d.C. Alguns propõe que esse edifício soterrado seria a sinagoga em que Jesus pregou em Cafarnaum (Lc 4.31-37).

VEJA MAIS DA SINAGOGA
DE CAFARNAUM

CONTEXTO HISTÓRICO E GEOGRÁFICO DE CAFARNAUM

CAFARNAUM

Cafarnaum é uma cidade localizada à margem do Mar da Galileia, ao norte de Israel, e possui grande importância na Bíblia, especialmente nos evangelhos. Durante boa parte de seu tempo na Galileia, Jesus fez de Cafarnaum sua casa e centro para seu ministério. Essa cidade é mencionada em várias passagens do Novo Testamento e está ligada a diversos eventos significativos da vida e ministério de Jesus. Em Cafarnaum, Jesus realizou diversos milagres notáveis, como a cura do servo do centurião, a cura da sogra de Pedro e a restauração da saúde de um paralítico trazido até ele por seus amigos.

Além disso, Jesus ensinou na sinagoga local em Cafarnaum, onde suas palavras e autoridade impressionaram os ouvintes. Um ponto crucial é que Cafarnaum foi o lugar onde Jesus chamou seus primeiros discípulos — Simão Pedro, André, Tiago e João —, que eram pescadores nas redondezas. Naquela época, a cidade era uma próspera comunidade voltada para a pesca e o comércio, constituindo, assim, um ponto estratégico para o início do ministério de Jesus. No entanto, Cafarnaum não respondeu com arrependimento à presença do Messias. Isso levou Jesus a proferir um alerta contra a cidade (Mt 11.23-24).

A *Via Maris*, conhecida como "Caminho do Mar", era uma antiga rota usada tanto por comerciantes quanto por militares e desempenhava um papel crucial na comunicação e no comércio, conectando o Egito ao restante do Oriente Médio e à Mesopotâmia. Essa via atravessava diversas cidades importantes na região da Galileia.

Devido à sua proximidade com a *Via Maris*, Cafarnaum se destacava como um centro comercial essencial, na medida em que se valia do grande tráfego de pessoas e mercadorias que passavam por essa rota. O tráfego na *Via Maris* incluía comerciantes, soldados, peregrinos e viajantes de várias partes do mundo antigo, o que levava a região a se enriquecer com a diversidade cultural e a prosperidade.

Atualmente, Cafarnaum é um destino importante para peregrinos cristãos, abrigando diversas ruínas, como uma antiga sinagoga e uma casa tradicionalmente associada a Pedro. Esses locais proporcionam aos visitantes uma conexão única com a narrativa bíblica e o ministério de Jesus.

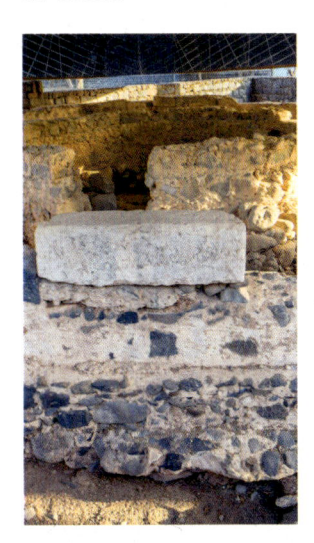

Restos de uma casa em Cafarnaum tradicionalmente relacionada ao apóstolo Pedro

Marco romano da *Via Maris* encontrado em Cafarnaum

MEDITAÇÃO EM CAFARNAUM

CAFARNAUM

Lucas 7.1-10

¹ Tendo Jesus concluído todas as suas palavras dirigidas ao povo, entrou em Cafarnaum. ² E o servo de um centurião, a quem este muito estimava, estava doente, quase à morte. ³ Tendo ouvido falar a respeito de Jesus, enviou-lhe alguns anciãos dos judeus, pedindo-lhe que viesse curar o seu servo. ⁴ Estes, chegando-se a Jesus, com instância lhe suplicaram, dizendo: Ele é digno de que lhe faças isto; ⁵ porque é amigo do nosso povo; e ele mesmo nos edificou a sinagoga. ⁶ Então, Jesus foi com eles. E, já perto da casa, o centurião enviou-lhe amigos para lhe dizer: Senhor, não te incomodes, porque não sou digno de que entres em minha casa. ⁷ Por isso, eu mesmo não me julguei digno de ir ter contigo; porém manda com uma palavra, e o meu rapaz será curado. ⁸ Porque também eu sou homem sujeito à autoridade, e tenho soldados às minhas ordens, e digo a este: vai, e ele vai; e a outro: vem, e ele vem; e ao meu servo: faze isto, e ele o faz. ⁹ Ouvidas estas palavras, admirou-se Jesus dele e, voltando-se para o povo que o acompanhava, disse: Afirmo-vos que nem mesmo em Israel achei fé como esta. ¹⁰ E, voltando para casa os que foram enviados, encontraram curado o servo.

Mateus 8.5-13

⁵ Tendo Jesus entrado em Cafarnaum, apresentou-se-lhe um centurião, implorando: ⁶ Senhor, o meu criado jaz em casa, de cama, paralítico, sofrendo horrivelmente. ⁷ Jesus lhe disse: Eu irei curá-lo. ⁸ Mas o centurião respondeu: Senhor, não sou digno de que entres em minha casa; mas apenas manda com uma palavra, e o meu rapaz será curado. ⁹ Pois também eu sou homem sujeito à autoridade, tenho soldados às minhas ordens e digo a este: vai, e ele vai; e a outro: vem, e ele vem; e ao meu servo: faze isto, e ele o faz. ¹⁰ Ouvindo isto, admirou-se Jesus e disse aos que o seguiam: Em verdade vos afirmo que nem mesmo em Israel achei fé como esta. ¹¹ Digo-vos que muitos virão do Oriente e do Ocidente e tomarão lugares à mesa com Abraão, Isaque e Jacó no reino dos céus. ¹² Ao passo que os filhos do reino serão lançados para fora, nas trevas; ali haverá choro e ranger de dentes. ¹³ Então, disse Jesus ao centurião: Vai-te, e seja feito conforme a tua fé. E, naquela mesma hora, o servo foi curado.

PARA SUA MEDITAÇÃO:

Números 23.19-20; Isaías 55.6-13; Tito 1.1-4; Hebreus 6.13-20

Fé na Terra Santa

Quando começamos a ler os Evangelhos Sinóticos, encontramos algumas diferenças entre eles. Para céticos e ateus, essas diferenças são contradições insolúveis. Porém, para aqueles que têm fé, essas aparentes contradições são, na verdade, complementares.

Ao olharmos para os relatos de Mateus e Lucas da cura do servo do centurião, ocorrida em Cafarnaum, notamos algumas diferenças, as quais, no entanto, podem ser reconciliadas se nos lembrarmos de que esses dois evangelistas, ao escreverem, possuem alvos e públicos diferentes.

INTENÇÕES E PÚBLICOS DIFERENTES

Quando passamos pelo Rio Jordão, no capítulo 5, meditamos sobre um trecho do Evangelho de Mateus que falava do batismo de Jesus. Mencionamos, nessa oportunidade, que Mateus escreve para judeus. Todo o seu Evangelho é escrito com a finalidade de mostrar para os judeus de sua época que Jesus é o Messias prometido. Por diversas vezes, Mateus destaca que os eventos que narra são cumprimentos de profecias do Antigo Testamento.

Por sua vez, Lucas, que provavelmente era um gentio ou um judeu helênico, escreve o seu Evangelho para um gentio culto e ilustre, Teófilo. Ele tem a intenção de provar para o seu destinatário que Jesus é o Messias que vem salvar os pobres, as mulheres e as demais pessoas socialmente marginalizadas daquela época.

Os evangelistas Mateus e Lucas apresentam o mesmo relato — a cura do servo de um centurião romano —, mas dão à história as suas ênfases peculiares, como se narrassem o ocorrido a partir de ângulos diferentes. Como resultado, eles nos ajudam a ver o quadro completo do ministério de Jesus.

UMA APARENTE CONTRADIÇÃO

Um centurião era um oficial romano responsável por uma tropa composta por 80 legionários. Um elemento inusitado na história é que, conforme o relato tanto de Mateus quanto de Lucas, o centurião que comandava a ocupação romana na região da Galileia faz um pedido a Jesus, o Rei dos judeus por direito, isto é, o líder da nação subjugada por Roma. Um oficial a serviço dos conquistadores pede um favor ao Rei dos conquistados.

É bem provável que esse centurião comandava uma guarnição militar baseada em Tiberíades, uma cidade essencialmente gentílica que foi fundada em homenagem ao imperador Tibério. Assim, esse alto oficial, segundo o relato de Mateus, poderia ter percorrido os 16 km que separavam Tiberíades de Cafarnaum para se encontrar com Jesus, de cuja fama ele ouvira. Mateus dá a entender, à primeira vista, que o centurião em pessoa se encontrou com Jesus.

No entanto, de acordo com Lucas, não é o próprio centurião que se dirige a Jesus. Ele envia os mestres da sinagoga, os chamados anciãos, os quais relatam a Jesus que aquele em cujo nome falam era uma figura bem quista pelos judeus locais, pois havia contribuído para a edificação da sinagoga de Cafarnaum. O diálogo do centurião com Jesus, que, segundo Mateus, se dera de maneira direta, acontece, conforme Lucas, por meio da intermediação dos anciãos dos judeus.

Como podemos solucionar essa aparente contradição? Devemos ter em mente que os evangelistas possuem alvos e públicos diferentes, como já destacamos. Mateus, que escreve para os judeus, usa o centurião como modelo para os judeus, a fim de lhes mostrar que, nem mesmo em Israel, Jesus havia encontrado uma fé como a do centurião, o comandante de uma tropa de ocupação. Um gentio, estranho à aliança, aos oráculos e à circuncisão, é dotado de uma fé maior que os judeus.

Lucas, porém, que escreve para um gentio, tem a intenção de infundir nele humildade, mostrando-lhe que quem intercede em favor do centurião são os judeus. Assim, com a sua ênfase peculiar, Lucas deixa claro que a salvação procede de Israel. Sem os judeus, não teríamos a Escritura nem o Messias, que é o Salvador do mundo e a Luz das nações. É preciso, então, que os gentios sejam humildes em relação aos judeus, em vez de se ensoberbecerem e se imaginarem superiores (cf. Rm 11.17-20).

As duas passagens, portanto, não estão em contradição. Em essência, ambas contam a mesma história: o centurião demonstrou grande fé, de forma que o seu servo foi curado. Contudo, se, por um lado, Mateus usa o centurião como um exemplo de fé para os judeus, Lucas, por outro lado, o usa como um exemplo de humildade para os gentios. Para Mateus, o oficial de uma tropa de ocupação teve mais fé diante do Messias do que muitos judeus. Para Lucas, esse centurião cheio de fé teve a sua comunicação com Jesus facilitada por judeus, cuja intercessão foi bem-sucedida e suficiente.

O MOSAICO DE UM REI

Dois pontos merecem nossa atenção especial. Em primeiro lugar, os relatos dos evangelhos são fidedignos. Não se trata de lendas ou mitos. O retrato de Jesus que Mateus, Marcos, Lucas e João nos apresentam são totalmente confiáveis. Um pai da igreja chamado Ireneu de Lyon comparou a maneira como os escritos bíblicos apresentam Jesus com um mosaico que revela a imagem de um rei. Se as peças desse mosaico forem retiradas ou rearranjadas, a imagem resultante poderá ser a de um cão ou de uma raposa. Assim, para termos a imagem correta e completa de Jesus, devemos ler os evangelhos lado a lado, como relatos complementares, em vez de criarmos uma oposição entre eles e decidirmos qual retrato de Jesus é o nosso favorito.

Em segundo lugar, as passagens que lemos nos ensinam que Jesus vem até nós quando temos fé, independentemente do tamanho dela. Sim, a grande fé do centurião é elogiada, mas, ao mesmo tempo, tanto Mateus quanto Lucas enfatizam que mesmo uma fé pequena como um grão de mostarda é suficiente para levar o Deus uno e trino a se inclinar em nossa direção com misericórdia e nos conceder o que lhe pedimos (Mt 17.20; Lc 17.6). Talvez você esteja batalhando com seus pecados, suas misérias pessoais ou uma ação demoníaca. Talvez você precise de cura, emprego, restauração familiar, perdão, salvação. Seja qual for a sua necessidade, você pode se aproximar de Jesus com fé, ainda que pequena, pois ele tem o poder de lhe conceder aquilo de que você necessita, como no caso do centurião. Tudo o que ele requer é que você estenda as suas mãos em direção a ele, crendo nele e somente nele. Confie de todo o coração no Jesus que os evangelhos, em conjunto, nos apresentam; admire-se com o belíssimo mosaico que Mateus, Marcos, Lucas e João compuseram para nós.

CAPÍTULO 8

MAR DA GALILEIA

ים כנרת

JONAS MADUREIRA

O Mar da Galileia foi o cenário para muitas das ações mais marcantes e conhecidas do ministério de Jesus. Foram as águas deste lago que ele acalmou (Mc 4.35-41), e foi sobre elas que caminhou (Mc 6.45-52).

VEJA MAIS DO
MAR DA GALILEIA

CONTEXTO HISTÓRICO E GEOGRÁFICO DO MAR DA GALILEIA

MAR DA GALILEIA

O Lago de Tiberíades, também conhecido como Mar da Galileia ou Lago de Genesaré, está 220 metros abaixo do nível do mar. Sendo o maior lago de água doce de Israel, é abastecido pelo Rio Jordão. No entanto, devido à sua localização geográfica, os ventos sinuosos e vigorosos que descem das montanhas ao redor frequentemente causam tempestades e agitação em suas águas.

O Mar da Galileia desempenha um papel significativo na Bíblia, especialmente no Novo Testamento, sendo mencionado em várias passagens dos evangelhos e ligado a muitos acontecimentos importantes da vida de Jesus e dos primeiros anos do cristianismo. Os milagres realizados por Jesus — como andar sobre as águas, multiplicar pães e peixes e proporcionar uma pesca milagrosa — ocorreram na região do Mar da Galileia, que também serviu como cenário para grande parte do ministério de Jesus na região da Galileia, onde ele frequentemente pregava para multidões nas praias e ensinava a partir de barcos.

Foi também na área do Mar da Galileia que Jesus chamou vários de seus discípulos enquanto pescavam. Muitos dos ensinamentos registrados nos evangelhos aconteceram nas proximidades do Mar da Galileia, seja em barcos, seja nas cidades e vilarejos que se achavam à margem desse lago.

Mesmo após a ressurreição de Jesus, o Mar da Galileia continuou a ser um ponto central de atividades para os discípulos. Uma das experiências mais emocionantes para os peregrinos cristãos que visitam a Terra Santa é ter a chance de fazer um passeio no Mar da Galileia e dedicar um tempo para reflexão e oração enquanto estão a bordo de um barco.

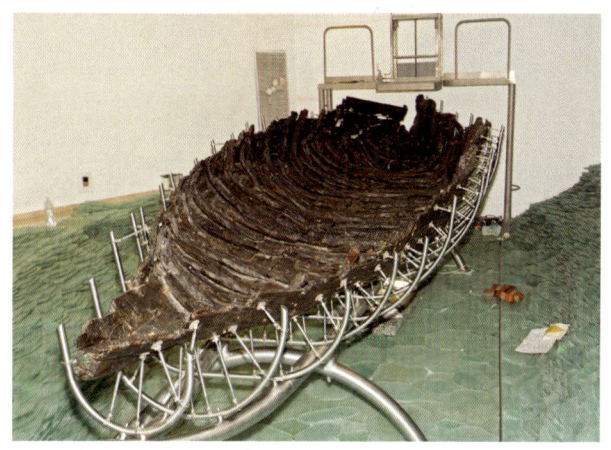

Restos de uma embarcação do tempo de Jesus encontrada no Mar da Galileia

Vista aérea do Mar da Galileia

MEDITAÇÃO NO MAR DA GALILEIA

MAR DA GALILEIA

Marcos 4.35-41

³⁵ Naquele dia, sendo já tarde, disse-lhes Jesus: Passemos para a outra margem. ³⁶ E eles, despedindo a multidão, o levaram assim como estava, no barco; e outros barcos o seguiam. ³⁷ Ora, levantou-se grande temporal de vento, e as ondas se arremessavam contra o barco, de modo que o mesmo já estava a encher-se de água. ³⁸ E Jesus estava na popa, dormindo sobre o travesseiro; eles o despertaram e lhe disseram: Mestre, não te importa que pereçamos? ³⁹ E ele, despertando, repreendeu o vento e disse ao mar: Acalma-te, emudece! O vento se aquietou, e fez-se grande bonança. ⁴⁰ Então, lhes disse: Por que sois assim tímidos?! Como é que não tendes fé? ⁴¹ E eles, possuídos de grande temor, diziam uns aos outros: Quem é este que até o vento e o mar lhe obedecem?

PARA SUA MEDITAÇÃO:

Josué 10.10-15; Jó 38.4-38; Provérbios 8.27-31; Mateus 24.29-31

Obediência na Terra Santa

Essa é uma daquelas passagens famosas da vida de Jesus que, com frequência, recebem interpretações demasiado empobrecedoras. É comum ouvirmos pregadores alegorizarem a tempestade pela qual os discípulos passaram, enxergando-a como uma referência a quaisquer dificuldades que enfrentemos na vida, como enfermidade, desemprego, falta de recursos. Eles derivam desse relato o ensino de que haverá momentos em que passaremos por tribulações em nossas vidas, mas, se crermos em Jesus, os temporais cessarão. Essa ideia tem algum fundo de verdade, visto que Jesus realmente pode acalmar as tempestades de nossas vidas, curando-nos, dando-nos emprego, concedendo-nos sustento etc. Entretanto, era isso que Marcos tinha em mente ao registrar essa história?

A VERDADEIRA IDENTIDADE DE JESUS

O relato de Marcos não tem a intenção de indicar que Jesus acalmou o vento e o mar para ensinar aos seus discípulos ou aos leitores do Evangelho que eles teriam todas as suas necessidades supridas. A história foi registrada para mostrar que Jesus é dotado de um poder distintamente divino: o poder de controlar as forças naturais. Quem, afinal, é forte o bastante para controlar um poder como o da água, que é capaz de destruir cidades inteiras, uma força diante da qual sempre estivemos completamente desamparados? Ninguém além de Deus.

Assim, a pergunta dos discípulos é totalmente pertinente: "Quem é este que até o vento e o mar lhe obedecem?" A única reposta possível é: "Este homem é o próprio Deus, pois ele faz coisas que só Deus pode fazer". Quando Jesus ordena ao mar que se aquiete, está claramente sinalizando aos seus discípulos e aos leitores do relato de Marcos que é o Deus Criador, caso tenhamos olhos para enxergar as conexões bíblicas para as quais o Senhor dirige a nossa atenção. O Deus que controlou as águas no princípio, que fez as águas do dilúvio retrocederem e que abriu tanto o Mar Vermelho quanto o Rio Jordão estava presente também no Mar da Galileia, mais uma vez demonstrando que é soberano sobre um dos poderes mais ameaçadores e incontroláveis que conhecemos. Aquele simples homem, que estava com os discípulos no barco, é, conforme o segredo messiânico que Marcos nos revela, ninguém menos que o próprio Deus eterno e verdadeiro.

Todavia, ao longo de nossa caminhada cristã, nos esquecemos dessa maravilhosa verdade que Marcos nos revela. Na prática, é como se quiséssemos fazer de Jesus apenas um meio pelo qual Deus acalmará as nossas tempestades pessoais, atendendo às necessidades que mais nos incomodam. Porém, o Jesus que vemos nessa passagem não é apenas um meio para que atinjamos certos fins. Ele é o próprio fim, é a causa e finalidade última de tudo que existe, incluindo as nossas vidas. "Tudo foi criado por meio dele e para ele" (Cl 1.16). Repare bem: nós existimos para ele, e não ele para nós. O Jesus que Marcos nos apresenta não é um fantoche que possamos manipular. Ele é o Deus Criador, que precisamos adorar.

OBEDIÊNCIA E DESOBEDIÊNCIA NA CRIAÇÃO DE DEUS

A voz do Deus verdadeiro, Jesus Cristo, é acatada prontamente por toda a criação, mesmo pelos principais poderes naturais que conhecemos, como o vento e as águas. Quando Jesus repreende o vento, este não retruca e, em tom ameaçador, lhe manda que volte a dormir, enquanto, soberbamente, afirma sua independência e autonomia para decidir quando e onde soprar. Da mesma forma, quando Jesus ordena ao mar que se acalme, este não lhe responde: "Quem você acha que é para me dar ordens? Não conhece o meu poder incomparável?" O que acontece, para a nossa surpresa e para a surpresa dos discípulos, é que tanto o vento quanto o mar obedecem imediatamente às palavras de Jesus.

Dessa maneira, o texto de Marcos acaba por revelar algo bastante incômodo a nosso respeito. Embora as poderosas forças naturais se submetam prontamente aos mandamentos de Deus, nós, tolamente, a exemplo de nossos primeiros pais, achamos que somos legisladores melhores do que ele. Pensamos que os caminhos que ele nos manda seguir não são tão bons quanto os que queremos seguir. Toda a criação obedece a Jesus, mas e quanto a nós? Deixemos de lado a tola prepotência que nos faz achar que somos os senhores de nossa própria vida e, assim como todo o resto da criação, acatemos cada palavra que sai da boca do Senhor. Ele sabe o que é melhor para nós.

Entretanto, também é preciso notar que Deus não nos fez para obedecermos a Jesus da mesma maneira que o vento, o mar, as estrelas, as montanhas, os peixes etc. A nossa obediência a Deus não se dá por natureza, já que a nossa natureza é hostil a ele. A obediência cristã é, na verdade, um fruto da graça de Deus. Quando obedecemos à voz de Jesus, isso não é algo natural. É um milagre da graça de Deus, é uma dádiva que o próprio Criador nos concede. A nossa obediência a Jesus ocorre somente quando nosso coração rebelde e tolo é transformado pela maravilhosa obra do Espírito de Deus em nós. Esse Vento, sim, sopra onde quer (Jo 3.8), promovendo o novo nascimento de pecadores rebeldes e tornando-os dispostos a obedecer à Lei de Cristo.

CAPÍTULO 9

MAGDALA
מגדלא

FRANKLIN FERREIRA

O belo mosaico montado no chão da sinagoga de Magdala, cidade natal de Maria Madalena, foi escavado por arqueólogos em 2009. Com cerca de 120 m², essa sinagoga pode ter sido visitada por Jesus em sua passagem por Magdala, onde teve um embate com fariseus e saduceus (Mt 15.39–16.4).

VEJA MAIS DA SINAGOGA
DE MAGDALA

CONTEXTO HISTÓRICO E GEOGRÁFICO DE MAGDALA

Magdala é uma cidade situada às margens do Mar da Galileia, no norte de Israel, mencionada na Bíblia como o lugar de nascimento de Maria Madalena. Essa seguidora de Cristo desempenha um papel significativo nos evangelhos, estando presente na crucificação do Salvador e sendo uma das primeiras a testemunhar a ressurreição dele.

As escavações arqueológicas em Magdala começaram em 2009 e revelaram vestígios de um assentamento da época do Segundo Templo. Uma descoberta notável foi uma antiga sinagoga do primeiro século, uma das poucas sinagogas do período encontradas em Israel. Acredita-se que Jesus tenha ensinado nessa sinagoga durante seu ministério na região. Um achado marcante é a "Pedra de Magdala", ornamentada com entalhes que representam a Menorá (candelabro), o Templo de Jerusalém e outros símbolos judaicos. Além disso, foram encontrados vestígios bem preservados de um porto e estruturas antigas na cidade, o que evidencia sua importância como centro comercial e pesqueiro. Ruínas residenciais, ruas pavimentadas e banhos rituais também foram descobertos, demonstrando o desenvolvimento urbano e religioso da cidade naquela época.

Esses achados arqueológicos oferecem contexto histórico à narrativa bíblica, especialmente no que diz respeito à vida e ao ministério de Jesus na região. A presença da Igreja Católica em Magdala foi estabelecida por meio da criação de um espaço espiritual e arqueológico chamado *Duc In Altum*, que inclui uma igreja e um local de peregrinação. A igreja dedicada a Maria Madalena e ao ministério de Jesus às margens do Mar da Galileia destaca-se pelo altar principal em forma de barco, que representa o convite de Jesus aos discípulos para serem "pescadores de homens" (Mt 4.19).

Pedra decorativa encontrada na sinagoga de Magadala, na qual se pode ver um entalhe da Menorá

Mosaico do século I que representa um barco pesqueiro típico da época de Jesus

MEDITAÇÃO EM MAGDALA

MAGDALA

Mateus 9.18-26

[18] Enquanto estas coisas lhes dizia, eis que um chefe, aproximando-se, o adorou e disse: Minha filha faleceu agora mesmo; mas vem, impõe a mão sobre ela, e viverá. [19] E Jesus, levantando-se, o seguia, e também os seus discípulos. [20] E eis que uma mulher, que durante doze anos vinha padecendo de uma hemorragia, veio por trás dele e lhe tocou na orla da veste; [21] porque dizia consigo mesma: Se eu apenas lhe tocar a veste, ficarei curada. [22] E Jesus, voltando-se e vendo-a, disse: Tem bom ânimo, filha, a tua fé te salvou. E, desde aquele instante, a mulher ficou sã. [23] Tendo Jesus chegado à casa do chefe e vendo os tocadores de flauta e o povo em alvoroço, disse: [24] Retirai-vos, porque não está morta a menina, mas dorme. E riam-se dele. [25] Mas, afastado o povo, entrou Jesus, tomou a menina pela mão, e ela se levantou. [26] E a fama deste acontecimento correu por toda aquela terra.

PARA SUA MEDITAÇÃO:

Isaías 6.1-7; Ezequiel 1.1–2.2; 2 Coríntios 12.1-5; Apocalipse 1.9-17

Cura na Terra Santa

Os dois milagres mencionados por Mateus — a cura da mulher que padecia de fluxo de sangue e a ressurreição da filha do mestre da sinagoga — ocorreram em Cafarnaum, muito perto de Magdala, onde agora nos achamos. Cerca de 10 km separam essas duas cidades, ambas situadas à margem setentrional do Mar da Galileia. Como já dissemos no capítulo 7, os Evangelhos Sinóticos se complementam, apesar de terem suas diferentes ênfases e públicos-alvo. Cada evangelista, ao narrar uma história, pode trazer informações que os demais não contam ou omitir detalhes que os outros trazem. Com isso em mente, comparado aos relatos paralelos de Marcos e Lucas, o texto de Mateus é mais sintético no trecho que lemos, que se passa dentro do contexto de uma série de sinais após o Sermão do Monte. Além disso, no capítulo 5, já destacamos que os milagres operados por Jesus — tais como os que vemos em nosso texto — são sinais maiores do que os que o Deus Todo-Poderoso realizou ao libertar Israel do Egito. Uma nova criação e um novo êxodo estão em andamento.

A MANIFESTAÇÃO DO REI DOS REIS

Em vista dessas definições, quem é o Jesus que Mateus retrata? Ele é o Rei do Reino de Deus, mas, apesar disso, sempre viveu à sombra da cruz, desde a sua concepção no ventre de Maria. O reino de Cristo é o reino do Pai, um reino de amor, paz e alegria. Esse reino também é o ambiente onde os pecados são perdoados, onde já se alcançou triunfo sobre o diabo e seus demônios, bem como onde a morte e as doenças são revertidas.

À primeira vista, no entanto, parece que algo deu errado. Afinal, mesmo depois da manifestação do Rei dos reis, ainda adoecemos e morremos. Uma certeza que temos é que todos, em algum momento, ficaremos doentes e morreremos. Porém, se somos crentes genuínos, temos mais uma certeza: ressuscitaremos corporalmente no último dia. E, já que a nossa ressurreição será corpórea, não seremos meros fantasmas ou espíritos desencarnados. Pelo contrário, esse mesmo corpo que temos se erguerá gloriosamente da sepultura, completamente privado de qualquer enfermidade, dor, desconforto, deficiência ou debilidade. Nessa melhor fase de nossa existência, dotados de um corpo incorruptível e imortal, vamos nos banquetear com o Senhor e viver com ele para sempre.

No presente, porém, as tristes realidades da enfermidade e da morte ainda nos perturbam, ainda que, com a primeira vinda do Rei Jesus, tenhamos recebido claras e grandiosas evidências de que esses poderosos inimigos não prevalecerão sobre nós nem existirão para sempre. O reino eterno de Cristo já irrompeu e está entre nós (Lc 17.21), expandindo-se e consolidando-se. Os opositores rebeldes, pouco a pouco e um a um, têm sido derrotados, até que chegue o momento pelo qual tanto ansiamos (ou deveríamos ansiar), quando o último inimigo, a morte, for aniquilado. Nesse dia, a consumação e implementação do Reino de Deus estará completa (1Co 15.24-26). Jamais ficaremos doentes novamente; a morte não terá mais domínio sobre nós.

GARANTIAS DA DERROTA DA MORTE

E quais são essas evidências de que a enfermidade e a morte serão derrotadas no fim? A passagem que lemos narra uma de muitas ocasiões em que Jesus, na presente era, mostrou autoridade sobre a enfermidade e a morte, antecipando, assim, bênçãos típicas da era futura e colocando-as à nossa disposição. Quando nos deparamos com esses relatos de curas extraordinárias que encontramos nos evangelhos, temos um pequeno e eloquente vislumbre do mundo vindouro, ao qual as doenças e a morte não terão acesso.

A fé cristã tem doutrinas, mas não apenas doutrinas. Caso a nossa fé fosse constituída apenas de doutrinas, não seria diferente das filosofias do mundo antigo, como as de Sócrates, Platão, Aristóteles e muitos outros. Todavia, nós não cremos apenas em ideias. Cremos no Deus que assumiu nossa humanidade em Jesus, o qual é o Rei que nos traz um reino de paz, alegria, amor e vida, um reino que, por mais que tenha sido inaugurado por ocasião da primeira vinda de Cristo, será consumado quando de sua segunda aparição.

Jesus, ao vir ao mundo pela primeira vez, já começou a expulsar os poderes do pecado, do diabo e da morte, trabalho que será concluído quando ele voltar. Nesse período emoldurado pelas duas vindas de Cristo, mesmo antes da consumação do Reino de Deus e da derrota definitiva de todos aqueles que se opõem a ele, já podemos provar e testemunhar, de maneira antecipada, como que na forma de aperitivos, as bênçãos que pertencem peculiarmente ao mundo vindouro.

VISLUMBRES DO MUNDO VINDOURO

Então, quando Jesus cura a mulher que padecia do fluxo de sangue e ressuscita a filha do chefe da sinagoga, é como se estivéssemos em um teatro, ansiosos para o início da peça. As cortinas ainda estão fechadas, o que intensifica ainda mais o nosso anseio. De repente, alguém as levanta um pouco, de maneira que podemos ter um vislumbre tão rápido quanto encantador do cenário. Isso aguça ainda mais o nosso desejo de assistirmos à peça. Assim, quando vemos ou experimentamos uma cura extraordinária, similar àquelas narradas nos evangelhos, por mais que não se trate de um evento definitivo (pois aqueles que são curados na presente era ainda passarão pela experiência da morte, como certamente foi o caso da mulher que padecia de hemorragia), uma pequena brecha se abre na cortina da eternidade, de modo que somos habilitados a espiar a perfeição da vida futura, quando não haverá mais doença nem morte.

Essa visão antecipada das extraordinárias bênçãos do mundo porvir têm a capacidade de estimular a nossa expectativa de sermos revestidos de imortalidade e incorruptibilidade. Se, porém, você acha que tem buscado pouco as "coisas lá do alto" e raramente pensado nelas (Cl 3.1-2), olhe para as pequenas amostras das excelências da vida futura que emanam das páginas dos evangelhos. Contemple as curas e ressurreições efetuadas por Jesus, que são pequenos e fantásticos *flashes* da saúde perfeita e da vida eterna que teremos no céu. Talvez você busque pouco o Reino de Deus porque ainda não teve um vislumbre real do quão extraordinário ele será quando consumado. Permita-se obter essas breves e gloriosas amostras com o Jesus retratado nos evangelhos, o Jesus real, aquele que nos levará para o céu e nos privará da enfermidade e da morte para sempre.

CAPÍTULO 10

CORAZIM

כורזים

JONAS MADUREIRA

A impressionante sinagoga que foi escavada em Corazim provavelmente foi erigida no século III d.C., destruída no século IV e reconstruída no século VI. Na época de Jesus, muito perto da área onde esse imponente edifício seria construído, é possível que houvesse outra sinagoga.

VEJA MAIS
DE CORAZIM

CONTEXTO HISTÓRICO E GEOGRÁFICO DE CORAZIM

CORAZIM

Corazim é uma cidade mencionada especialmente nos evangelhos de Mateus e Lucas. Ao lado de Betsaida e Carfarnaum, Corazim completava o triunvirato do ceticismo dirigido contra Jesus e sua obra. Sua importância na Bíblia está ligada às advertências de Jesus quanto à recusa dos habitantes locais de se arrependerem e receberem seu ensino, mesmo em face dos milagres realizados diante deles. Corazim, portanto, simboliza a falta de fé e a dureza de coração características dos que serão julgados por Deus.

Também conhecida como Khirbet Karazeh, sua relevância arqueológica se deve às ruínas que revelam detalhes sobre a vida e cultura na região da Galileia. As escavações descobriram restos de uma antiga sinagoga, provavelmente erigida no século III d.C., o que fornece informações sobre a prática religiosa do período. Essa sinagoga, uma das mais bem preservadas na Galileia, apresenta elementos decorativos que auxiliam os arqueólogos na compreensão da arquitetura e simbolismo da época. Além disso, as escavações em Corazim revelaram vestígios de casas, estruturas públicas e artefatos cotidianos, oferecendo um vislumbre da vida diária na cidade bíblica.

Frontão cuidadosamente adornado da sinagoga de Corazim

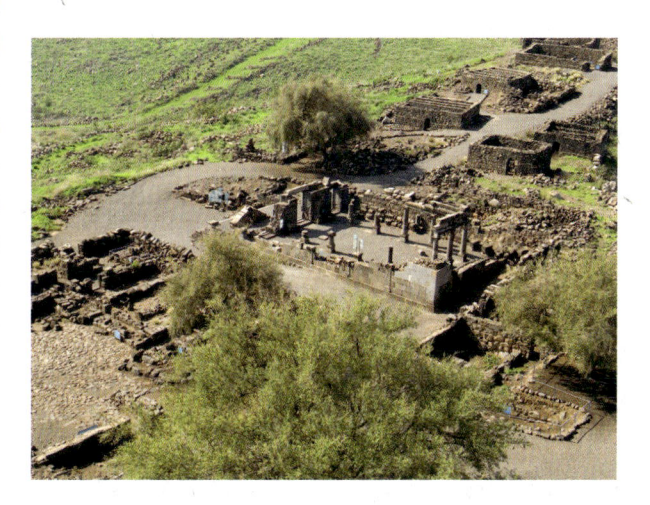

Vista aérea da sinagoga de Corazim

MEDITAÇÃO EM CORAZIM

Mateus 11.20-24

²⁰ Passou, então, Jesus a increpar as cidades nas quais ele operara numerosos milagres, pelo fato de não se terem arrependido: ²¹ Ai de ti, Corazim! Ai de ti, Betsaida! Porque, se em Tiro e em Sidom se tivessem operado os milagres que em vós se fizeram, há muito que elas se teriam arrependido com pano de saco e cinza. ²² E, contudo, vos digo: no Dia do Juízo, haverá menos rigor para Tiro e Sidom do que para vós outras. ²³ Tu, Cafarnaum, elevar-te-ás, porventura, até ao céu? Descerás até ao inferno; porque, se em Sodoma se tivessem operado os milagres que em ti se fizeram, teria ela permanecido até ao dia de hoje. ²⁴ Digo-vos, porém, que menos rigor haverá, no Dia do Juízo, para com a terra de Sodoma do que para contigo.

PARA SUA MEDITAÇÃO:

Êxodo 7.1-6; Daniel 2.27-49; Atos 17.22-31; Romanos 15.15-21

Milagres na Terra Santa

Quão duras foram as palavras de Jesus dirigidas a Corazim, Betsaida e Cafarnaum, cidades judaicas onde ele realizou muitos e fabulosos milagres. Tamanha era a impiedade delas que o Senhor as comparou com outras três cidades impenitentes do passado: Tiro, Sidom e Sodoma. Conhecidas a ponto de fazer parte do imaginário da época de Jesus, essas três cidades gentílicas são usadas pelo Senhor como exemplos de incredulidade e dureza de coração. Porém, nem mesmo os resistentes pagãos que viviam nessas localidades eram dotados de corações tão duros quanto os judeus de Corazim, Betsaida e Cafarnaum.

MILAGRES QUE ATINGIRAM SEU OBJETIVO

No capítulo 7 deste livro, quando passamos por Cafarnaum, meditamos sobre a história do centurião. Tendo conhecimento de que Jesus se achava naquele lugar, esse oficial, que liderava uma centúria do exército romano, buscou sua ajuda, contando-lhe que seu criado estava em casa, sofrendo horrivelmente. Jesus expressou o desejo de ir à casa desse centurião para curar o seu criado, mas foi impedido por ele. O comandante militar afirmou ser um homem sujeito às autoridades, mas que, ao mesmo tempo, gozava de autoridade para ordenar aos seus soldados o que deviam fazer, e eles prontamente lhe obedeciam. A lógica do centurião é que, se a sua própria palavra, que possuía uma autoridade infinitamente menor do que a de Jesus, era eficaz, a de Jesus, soberana como era, seria incomparavelmente mais eficiente. Se Cristo falasse apenas uma palavra, mesmo à distância, o rapaz seria curado. Diante disso, Jesus, admirado, diz:

> [10] Em verdade vos afirmo que nem mesmo em Israel achei fé como esta. [11] Digo-vos que muitos virão do Oriente e do Ocidente e tomarão lugares à mesa com Abraão, Isaque e Jacó no reino dos céus. [12] Ao passo que os filhos do reino serão lançados para fora, nas trevas; ali haverá choro e ranger de dentes. [13] Então, disse Jesus ao centurião: Vai-te, e seja feito conforme a tua fé. E, naquela mesma hora, o servo foi curado. (Mt 8.10-13)

Repare que Jesus não deu uma ordem nem empregou um imperativo para curar o criado do centurião. Não obstante, a cura ocorreu. Os milagres operados por Jesus eram tão extraordinários que a crença de que a palavra dele era poderosa e suficiente chegou a um centurião, líder de uma tropa do exército romano. Bastava uma palavra do Filho de Deus para que coisas extraordinárias acontecessem. Até mesmo um gentio, que, biologicamente, não pertencia à família de Abraão, Isaque e Jacó, foi capaz de perceber a glória singular dos milagres operados por Jesus e, por isso, se submeteu a ele. Aquele que não era um judeu étnico receberia, segundo o texto, o direito se assentar à mesa com os patriarcas de Israel, ao passo que muitos descendentes físicos deles, por conta de sua incredulidade, perderiam o seu lugar nessa refeição celestial.

MILAGRES QUE NÃO ATINGIRAM SEU OBJETIVO

Voltemos às cidades impenitentes. Ao falar: "Ai de ti Corazim! Ai de ti, Betsaida! Ai de ti, Cafarnaum!", Jesus referia-se aos de dentro, isto é, aos seus compatriotas judeus que se mostraram incrédulos, mesmo diante dos inúmeros e espetaculares milagres que testemunharam. Eles rechaçaram o seu próprio Messias. Isso nos traz um ensino duro e difícil de aceitar: talvez as maiores resistências à obra de Jesus provenham de dentro das próprias igrejas, do meio dos seus próprios seguidores, daqueles que têm a oportunidade e o privilégio de contemplar de perto as ações e palavras do Senhor.

O motivo pelo qual Jesus operou tantos milagres nessas três cidades israelitas era que os seus habitantes, ao vê-los, fossem conduzidos à "obediência da fé" (Rm 1.5; 16.26, A21), o maior de todos os milagres. Os desobedientes sempre tentam impor sua vontade ao Senhor; os obedientes, por sua vez, fazem o exato oposto: pedem a Deus que faça sua vontade. Cristo é o modelo perfeito de obediência para o seu povo, pois suportou tentações muito maiores do que as que temos de enfrentar. Ele foi tentado naquilo que só ele podia fazer. O diabo, por exemplo, tentou o Senhor no deserto a praticar ações pecaminosas que ninguém além dele seria capaz de realizar. Já que nenhum de nós conseguiria transformar pedra em pão, isso não seria uma tentação real para nós. Entretanto, mais do que transformar pedras em pães, o maior milagre que apenas Jesus pode realizar é transformar corações duros em corações de carne, ou seja, corações rebeldes em corações obedientes (cf. Ez 36.26-27).

O MAIOR DOS MILAGRES

Diante da incredulidade dessas cidades judaicas e do milagre supremo da formação de um novo coração, terminemos a presente meditação pensando no último milagre de Jesus durante seu ministério terreno. Tomé, que, a julgar pela sua incredulidade, parecia ter vindo de Corazim, Betsaida ou Cafarnaum, fazia parte dos Doze, o seleto grupo daqueles que tiveram o privilégio de acompanhar todo o ministério de Jesus e de ver mais milagres do quaisquer outras pessoas. Mesmo sendo tão exposto ao poder de Cristo, ele ainda estava tomado pela dúvida quanto à ressurreição de seu Mestre. Ele precisava ver os sinais da crucificação no corpo ressurreto de Jesus para crer que ele realmente vencera a morte.

O Senhor, no entanto, deixou o seu desconfiado discípulo "curtindo" a dúvida dolorosa que nutria durante oito dias (ele não faz a mesma coisa conosco?). Então, quando todos os discípulos estavam reunidos, ele apareceu mais uma vez a eles e se dirigiu especificamente a Tomé, expondo-lhe os sinais que o seu discípulo apresentara como condição para que cresse na ressurreição. Como resultado, ocorreu o primeiro culto explícito ao Cristo encarnado, quando Tomé exclamou: "Senhor meu e Deus meu!" (Jo 20.28). Eis o maior dos milagres: a obediência da fé. Se o primeiro milagre de Jesus foi transformar água em vinho, o último, ainda maior, foi transformar dúvida em culto.

CAPÍTULO 11

TANQUE DE BETESDA
בריכת השילוח

JONAS MADUREIRA

As escavações na Cidade Velha de Jerusalém trouxeram à luz o Tanque de Betesda, junto às ruínas de uma igreja bizantina. As águas desse tanque, conforme a crença comum, eram dotadas de propriedades medicinais. Foi aqui que Jesus efetuou a cura de um enfermo (Jo 5.2-9).

VEJA MAIS
DE BETESDA

CONTEXTO HISTÓRICO E GEOGRÁFICO DE BETESDA

TANQUE DE BETESDA

Jerusalém é a cidade central da Bíblia, desempenhando um papel fundamental tanto no Antigo como no Novo Testamento. No Antigo Testamento, por volta do ano 1000 a.C., foi estabelecida como a capital do Reino de Israel por Davi, tornando-se o centro político e religioso da nação. O rei Salomão construiu o Primeiro Templo em Jerusalém, centralizando nela a adoração do único Deus e a realização dos sacrifícios requeridos na Lei. Jerusalém também é mencionada nos livros proféticos da Bíblia, nos quais encontramos advertências quanto a juízos divinos devido à infidelidade, assim como promessas de restauração futura.

No Novo Testamento, a cidade é o cenário de muitos eventos importantes da vida de Jesus, incluindo sua apresentação no Segundo Templo quando criança, suas visitas para ensinar e realizar milagres, sua entrada triunfal na cidade, sua crucificação e ressurreição. A cidade também foi o local do Pentecostes, quando os discípulos receberam o Espírito Santo, o que marcou o início e a expansão da igreja cristã. Jerusalém também tem um papel especial nas profecias bíblicas sobre os tempos finais e a Nova Jerusalém.

O Tanque de Betesda é um local arqueológico importante na cidade, mencionado no Novo Testamento por sua associação com um milagre de cura realizado por Jesus Cristo (Jo 5.2-9). O tanque está situado na parte nordeste da Cidade Velha de Jerusalém, próximo à Porta dos Leões e ao Convento de Santa Ana. O local inclui os restos de dois grandes tanques utilizados para armazenar água, além de estruturas associadas, como banhos e vestígios de edifícios religiosos. Essas descobertas arqueológicas fornecem informações sobre o sistema de abastecimento de água em Jerusalém durante o período do Segundo Templo e evidenciam a importância do local como um centro de cura.

Ruínas do Tanque de Betesda e de uma igreja bizantina

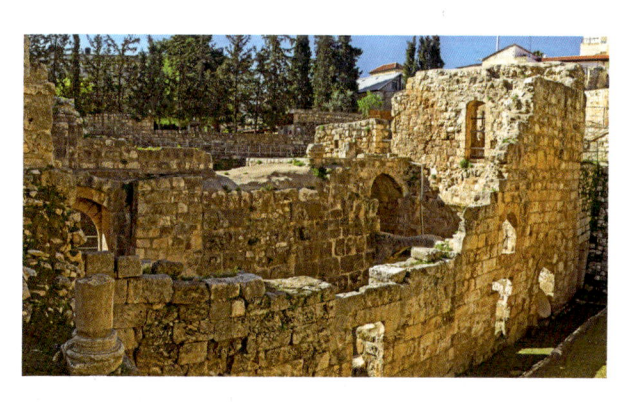

Muro de pedra da igreja bizantina adjacente ao Tanque de Betesda

MEDITAÇÃO NO TANQUE DE BETESDA

João 5.15-18

¹⁵ O homem retirou-se e disse aos judeus que fora Jesus quem o havia curado. ¹⁶ E os judeus perseguiam Jesus, porque fazia estas coisas no sábado. ¹⁷ Mas ele lhes disse: Meu Pai trabalha até agora, e eu trabalho também. ¹⁸ Por isso, pois, os judeus ainda mais procuravam matá-lo, porque não somente violava o sábado, mas também dizia que Deus era seu próprio Pai, fazendo-se igual a Deus.

PARA SUA MEDITAÇÃO:

Mateus 3.13-17; Romanos 8.8-11; 1 Coríntios 12.3-6; Efésios 4.4-6; Judas 17-23

Trindade na Terra Santa

João 5.1-18 conta uma história muito conhecida: o dia em que um homem aleijado, depois de curado por Jesus, se levanta e carrega seu leito. O problema é que esse dia era um sábado. Porém, na presente meditação, em vez de nos concentrarmos em todo a perícope, enfatizaremos a tensão com que nos deparamos no trecho final dela, quando os judeus percebem que Jesus, ao chamar Deus de seu Pai, fazia-se igual a ele.

A primeira grande seção do Evangelho de João, logo após o prólogo (1.1-18), é chamada de "Livro dos Sinais" (1.19–11.57), que recebe essa designação porque contém os sinais que apresentam e sinalizam a natureza divina de Jesus. Um dos maiores objetivos de João no seu Evangelho não era apenas fazer uma defesa da fé contra uma mentalidade gnóstica — segundo a qual tudo que é material deve ser rejeitado —, mas, acima de tudo, apresentar para os leitores do livro uma das mais fundamentais e incontornáveis doutrinas que sustentam a fé cristã: a doutrina da Trindade.

O FILHO GERADO PELO PAI

Já parou para imaginar que, quando você faz a oração do Pai Nosso, ela não é proferida da mesma forma como Jesus a faz? Nenhum de nós pode chamar Deus de Pai da mesma maneira como Jesus o chama. A palavra "Pai" em nossa boca, empregada em referência a Deus, não implica que tenhamos o mesmo tipo de relacionamento com ele que Jesus possui. O texto de João 1.10-14 nos ajuda a entender essa verdade com maior clareza:

> [10] O Verbo estava no mundo, o mundo foi feito por intermédio dele, mas o mundo não o conheceu. [11] Veio para o que era seu, e os seus não o receberam. [12] Mas, a todos quantos o receberam, deu-lhes o poder de serem feitos filhos de Deus, a saber, aos que creem no seu nome; [13] os quais não nasceram do sangue, nem da vontade da carne, nem da vontade do homem, mas de Deus. [14] E o Verbo se fez carne e habitou entre nós, cheio de graça e de verdade, e vimos a sua glória, glória como do unigênito do Pai.

A expressão "unigênito do Pai" significa que Jesus é o único que foi gerado pelo Pai. Alguns teólogos, talvez com muita razão, não gostam de explorar a teologia da geração do Verbo, receosos de falar mais do que a Bíblia lhes permite. De fato, essa preocupação é totalmente válida, mas não podemos perder de vista que, ainda que falar demais sobre uma doutrina tão complexa realmente seja perigoso, há algo que podemos e devemos dizer sobre ela com inteira segurança e embasamento bíblico: geração é diferente de criação. Nós, por exemplo, não criamos filhos (no sentido divino); nós os geramos. Embora possamos dizer que criamos nossos filhos no sentido de que os educamos ou formamos culturalmente, não podemos dizer que os criamos no sentido de que lhes conferimos existência. Deus é o criador deles; nós somos seus genitores. Por isso, nossos filhos não podem nascer como membros de uma espécie diferente da nossa, bem como não podem ter uma natureza diferente da nossa. Se somos seres humanos, eles têm de ser seres humanos também.

Na Idade Média, essa discussão era tão importante que se debatia, por exemplo, se um bebê dentro do ventre de uma mãe seria diferente de uma lombriga que também habitasse a barriga dela. Obviamente, a mãe não gera uma lombriga, a qual, portanto, não carrega sua imagem e semelhança. Essa lombriga não tem a mesma natureza daquela em cujo ventre vive. Assim, a conclusão a que chegaram é que não é o fato de termos um ser dentro de nós que o torna membro de nossa espécie e participante de nossa natureza. Apenas seres que geramos são como nós.

Quando nos referimos a Jesus como o único que foi gerado pelo Pai, queremos sobretudo dizer que ele tem a mesma natureza do Pai. Isso nos remete às aulas que todos nós tivemos na Escola Bíblica Dominical. Sempre que um professor fala que Jesus foi gerado pelo Pai, há alguém que levanta a mão e pergunta: "isso não significa que Jesus teve um começo?" A questão é pertinente, e a resposta é um decidido "não". Não, o fato de Jesus ter sido gerado pelo Pai não significa que ele teve um início. Por quê? Porque o princípio da geração postula que o gerado tem a mesma essência que o gerador. Se o Pai é eterno, o Filho que ele gera necessariamente é eterno. Se é da natureza do Pai não ter começo, o seu Unigênito é dotado dessa mesma natureza.

Foi por isso que teólogos desenvolveram o conceito de geração eterna. Pensadores como João Calvino tiveram o receio de que essa noção ia longe demais. O reformador costumava dizer que o que sabemos com certeza é que Jesus foi gerado, mas qualificar como eterna essa geração seria ultrapassar os limites bíblicos na tentativa de explicar o mistério. Sim, a doutrina da geração é, em muitos sentidos, um mistério. Mas entenda que essa maneira de conceituarmos a geração do Filho não constitui uma mera desculpa para não estudarmos ou pensarmos. A palavra "mistério" enfatiza a incapacidade de mentes finitas compreenderem a totalidade da revelação de um Deus infinito.

Entretanto, o pouco que João revela sobre Jesus ao dizer que ele foi gerado pelo Pai é suficiente para mostrar que aquele que nasceu do ventre de Maria também é o Filho de Deus, mas não no mesmo sentido em que o somos. Somos filhos de Deus por estarmos unidos a Jesus, e não por sermos da mesma natureza que Deus. Em vez de se esforçar para demonstrar que o ensino central de Jesus foi que Deus, em primeiro lugar, é nosso Pai, o apóstolo João mostra que a primeira missão de Jesus foi revelar Deus como seu próprio Pai.

O FILHO IGUAL AO PAI

Ao fazer essa revelação sobre o relacionamento único de Jesus com o Pai, o apóstolo ensinou a doutrina mais importante a respeito do ser divino: há uma pluralidade no único Deus verdadeiro. Os opositores de Jesus perceberam bem as implicações do fato de ele chamar Deus de Pai — ele estava, em última análise, se fazendo igual a Deus. De fato, o Filho é idêntico ao Pai quanto à sua divindade. É por isso que o Filho de Deus pode fazer coisas que nós, apesar de também sermos filhos de Deus, não podemos. Embora ele, como nós, tenha uma natureza humana, Jesus possui uma natureza que jamais será compartilhada conosco — a divina.

Quando completamente curado, o homem que fora paralítico por 38 anos se retirou, e isso irritou profundamente alguns dos judeus que não gostavam de Jesus. Eles estavam preocupados com os protocolos do sábado, que, para eles, haviam sido quebrados. Contudo, o que os deixa ainda mais irritados é a maneira como Jesus responde à acusação que lhe dirigem: "Meu Pai trabalha até agora, e eu trabalho também". Essas simples palavras carregam um significado muito maior do que podemos compreender. O fato de Jesus apresentar Deus como seu Pai (isto é, como aquele que o gerou) indica que ele é igual a Deus, como os seus detratores prontamente percebem.

Essa caracterização joanina de Jesus como Deus nos mostra o motivo de Jesus ter sido levado à cruz. Jesus morreu não apenas porque chamava a atenção do povo, mas por afirmar algo inconcebível para aqueles judeus que o odiavam: que ele era igual a Deus. Com uma frequência indesejada, nós nos esquecemos de que a maior revelação que Jesus nos trouxe não é apenas de que há um Pai celestial, mas de que ele mesmo é o Filho. Entender Jesus como o Filho, e não como um filho, significa compreender o tipo de relação e vínculo que pessoas que geram e pessoas que são geradas estabelecem entre si. Por ser o Filho de Deus, Jesus possui a mesma natureza e essência que seu Pai.

Não podemos entender Jesus como os platônicos o entendiam, como se fosse um demiurgo (um deus menor). Essa é justamente a visão que João combate. Platão afirmava que, enquanto deus, por ser a pureza máxima, era completamente imaterial, a matéria informe e caótica, por outro lado, era má. Assim, em razão da impureza daquilo que é material, a divindade não podia tocá-lo. Para que a divindade, então, fosse capaz de criar o mundo (e, nesse ponto, Platão era seguido pelos neoplatônicos, estoicos etc.), ela precisava gerar um ser que fosse menor do que ela, mas maior do que todas as coisas. Esse ser gerado, por ser menos puro e mais material que deus, podia tocar na matéria, sujar suas mãos e, com isso, modelar o mundo conforme o projeto que via na mente divina.

De acordo com esse ensino, qualquer noção de criação a partir do nada acaba por ser rechaçada. Os colossenses da época de Paulo, por exemplo, influenciados por ideias como essa, não entendiam o fato de Jesus ser tanto Deus quanto homem. Por isso, prefeririam orar aos anjos, os quais, por serem menos materiais que Jesus, seriam intermediários mais adequados do que ele. No entanto, em oposição aberta a essa visão comum no mundo greco-romano, João inicia o seu Evangelho com as chocantes palavras: "No princípio era o Verbo, e o Verbo estava com Deus, e o Verbo era Deus. Ele estava no princípio com Deus. Todas as coisas foram feitas por intermédio dele, e, sem ele, nada do que foi feito se fez" (Jo 1.1-3). Deus não criou o mundo modelando-o com as mãos, mas por meio de seu Verbo, isto é, sua Palavra. Jesus não é um deus menor ou inferior. Ele é o próprio Deus eterno e verdadeiro, e é isso o que provoca a ira daqueles que não podem aceitar essa verdade.

Agostinho costumava perguntar a seus catecúmenos o que Deus fazia antes de criar o mundo. O famoso bispo deixava os seus alunos especularem por alguns minutos e, quando percebia que ninguém conseguia responder, dizia, num primeiro momento, que Deus, antes da criação do mundo, estava preparando o inferno para colocar nele gente que fizesse esse tipo de pergunta. Mas, depois, respondendo com a seriedade que esse tipo de pergunta demanda, afirmava que o que Deus fazia na eternidade era amar. Não é possível amar sem que haja alguém para ser amado, e é por isso que Deus é Pai, Filho e Espírito desde toda a eternidade. Toda a Trindade está envolvida nesse ato de amor por si mesma.

O Filho não é um deus menor. Jesus cura, mas a maior revelação nesse ato não é que Jesus era dotado de mais poder do que os demais homens, como se fosse um mágico ou bruxo. As curas efetuadas por Jesus demonstram que ele é Deus. É comum, infelizmente, que, ao solicitarmos bênçãos a Jesus, nos esqueçamos de que todas elas apontam para sua divindade. Que Deus nos ajude a perceber nos milagres registrados nas Escrituras que Jesus não é uma espécie de feiticeiro, mas que eles atestam quem Jesus realmente é: o único Filho que Deus gerou, o único que possui sua natureza divina, o único que possui todo o poder de Deus. Cada milagre de Jesus que nos é contado na Bíblia tem a intenção última de nos colocar de joelhos diante dele, para que o adoremos como o único Deus verdadeiro.

CAPÍTULO 12

IGREJA DE SANTO ANDRÉ

כנסיית אנדרו הקדוש

FRANKLIN FERREIRA

A Igreja de Santo André foi construída em Jerusalém como uma homenagem aos soldados escoceses que, durante a Primeira Guerra Mundial, perderam a vida no combate contra os turcos, numa campanha que marcou o fim do domínio turco sobre a Palestina otomana.

VEJA MAIS DA IGREJA
DE SANTO ANDRÉ

CONTEXTO HISTÓRICO E GEOGRÁFICO DA IGREJA DE SANTO ANDRÉ

IGREJA DE SANTO ANDRÉ

A Igreja de Santo André, também conhecida como a Igreja dos Escoceses, é um local em Jerusalém, próximo à conhecida Porta de Jaffa e a outros locais importantes, sendo ligado à Igreja da Escócia. Fundada em 1927, a igreja foi criada para servir à comunidade presbiteriana local e aos escoceses que residiam ou visitavam a região. Além disso, presta homenagem aos soldados escoceses que perderam suas vidas na Primeira Guerra Mundial, durante a campanha na região do Sinai e da Palestina entre 1917 e 1918, quando a região estava sob o domínio do Império Otomano.

Representando a presença histórica dos escoceses na Terra Santa, o templo simboliza o forte vínculo da Escócia com essa área, evidenciado por atividades missionárias protestantes que remontam ao século XIX. Ainda há, da parte da igreja, a esperança de que o coração do rei escocês Robert de Bruce, morto no século XIV, seja enterrado na área reservada no coro, onde fica localizado o altar da igreja, a partir do qual se dirigem os ofícios divinos.

Com sua arquitetura peculiar e carregada de história, a Igreja de Santo André desempenha um papel significativo na paisagem religiosa de Jerusalém. No seu interior, destacam-se memoriais de guerra, placas comemorativas e elementos arquitetônicos escoceses ornamentados em pedra esculpida, além de vitrais representando passagens bíblicas e símbolos típicos da Escócia. A capela lateral apresenta placas de bronze com os nomes dos soldados escoceses que faleceram durante a campanha no Sinai e na Palestina.

Os soldados britânicos, sob o comando do general Sir Edmund Allenby, conquistaram Jerusalém em dezembro de 1917. Simultaneamente, a liderança militar turca exigia o extermínio dos cristãos e judeus na cidade. Isso, porém, não ocorreu, graças à velocidade do avanço dos vitoriosos britânicos, que entraram a pé em Jerusalém, sem bandeiras desfraldadas, pelo portão de Jaffa. Na ocasião, Allenby teve ao seu lado Lawrence da Arábia. Na batalha do Megido, em setembro de 1918, as forças britânicas massacraram em combate o exército turco otomano, libertando toda a região.

Igreja de Santo André no topo do monte e Monastério de Santo Onofre abaixo, em Aceldama (At 1.18-19)

Franklin Ferreira com grupo de turistas no interior da Igreja de Santo André

MEDITAÇÃO NA IGREJA DE SANTO ANDRÉ

Mateus 24.4-14, 36

⁴ E ele lhes respondeu: Vede que ninguém vos engane. ⁵ Porque virão muitos em meu nome, dizendo: Eu sou o Cristo, e enganarão a muitos. ⁶ E, certamente, ouvireis falar de guerras e rumores de guerras; vede, não vos assusteis, porque é necessário assim acontecer, mas ainda não é o fim. ⁷ Porquanto se levantará nação contra nação, reino contra reino, e haverá fomes e terremotos em vários lugares; ⁸ porém tudo isto é o princípio das dores. ⁹ Então, sereis atribulados, e vos matarão. Sereis odiados de todas as nações, por causa do meu nome. ¹⁰ Nesse tempo, muitos hão de se escandalizar, trair e odiar uns aos outros; ¹¹ levantar-se-ão muitos falsos profetas e enganarão a muitos. ¹² E, por se multiplicar a iniquidade, o amor se esfriará de quase todos. ¹³ Aquele, porém, que perseverar até o fim, esse será salvo. ¹⁴ E será pregado este evangelho do reino por todo o mundo, para testemunho a todas as nações. Então, virá o fim.

³⁶ Mas a respeito daquele dia e hora ninguém sabe, nem os anjos dos céus, nem o Filho, senão o Pai.

PARA SUA MEDITAÇÃO:

1 Tessalonicenses 4.13-18; 2 Tessalonicenses 2.1-12;
2 Pedro 3.1-13; Apocalipse 19.11-21

Vitória na Terra Santa

Estamos a menos de 2 km da área onde, no passado, erguia-se uma das construções mais imponentes e marcantes do mundo: o Templo de Jerusalém, completamente destruído pelas legiões romanas em 70 d.C. Esse evento foi profetizado por Jesus em Mateus 24.2. Na sequência do capítulo, no Monte das Oliveiras, os discípulos solicitam mais informações sobre essa catástrofe vindoura, bem como sobre o fim do mundo (Mt 24.3). Assim, pouco antes de caminhar para o Calvário, onde se ofereceria como sacrifício pelos nossos pecados, Jesus instrui os seus seguidores acerca do fim dos tempos. Esse discurso, comumente chamado de Sermão Escatológico, se acha registrado em Mateus 24–25.

Na presente meditação, devido à falta de espaço, não nos debruçaremos sobre esses dois capítulos inteiros, mas apenas sobre trechos selecionados. Destacaremos três pontos importantes no Sermão Escatológico de Jesus. Em primeiro lugar, apresentaremos os sinais que precederão a segunda vinda de Cristo. Em segundo lugar, falaremos sobre o momento em que esse evento deve ocorrer, bem como sobre a natureza dele. Em terceiro lugar, trataremos dos eventos que acompanharão e sucederão o regresso glorioso do Salvador.

EVENTOS ANTERIORES À VINDA DE CRISTO

Comecemos pelos sinais que antecederão o regresso de Cristo. Ainda que eles ocorram de forma intermitente e moderada ao longo da história — comparados à tribulação que está por vir —, Jesus ensina que eles se intensificarão e acontecerão simultaneamente antes do fim. Todos ocorrerão ao mesmo tempo, com uma impetuosidade inédita. A finalidade desses sinais é que nos mantenham vigilantes. Porém, quais são eles, para que possamos distingui-los e, assim, nos preparar para o fim?

Em primeiro lugar, o Evangelho será pregado a todas as nações (v. 14). Isso não significa, contudo, que o Evangelho chegará a cada indivíduo de cada nação. Levando em consideração a importância do conceito de representatividade na Bíblia, o que Jesus ensina a seus seguidores, na verdade, é que, antes de sua volta, o Evangelho chegará a indivíduos que representam todas as nações. Vivemos numa época em que a quantidade de pessoas que conhecem Jesus é altíssima, quando comparamos os números atuais com qualquer período anterior. Praticamente todos os povos já receberam as Boas Novas, o que pode ser um sinal da vinda iminente de Cristo.

Em segundo lugar, outro sinal de que a vinda de Cristo está próxima — mais conectado com

Romanos 11 do que com Mateus 24–25 — é a futura conversão de Israel. Milhares e milhares de judeus reconhecerão Jesus como o único e verdadeiro Messias e crerão nele como sua única esperança, confessando que ele realmente é o cumprimento das antigas promessas e aliança. De fato, é possível constatar um aumento no número de judeus que têm abraçado Jesus como o Messias. Dados recentes informam que o número de judeus messiânicos (isto é, judeus que creem que Jesus é o Messias prometido) tem crescido exponencialmente no mundo. Essa conversão massiva de judeus é um sinal da vinda de Cristo — e, segundo Paulo, uma conversão ainda maior será o clímax da história e culminará no retorno glorioso do Messias, o Rei de Israel.

Em terceiro lugar, voltando ao Sermão Escatológico, Jesus fala que, antes de sua vinda, ocorrerá uma grande perseguição aos seus seguidores (v. 9). Precisamos ser muito francos: não haverá escape para os cristãos. Algumas correntes escatológicas propõem que, antes que a violência contra o povo de Deus se intensifique demasiadamente, haverá algum tipo de arrebatamento secreto da igreja, a fim de que os crentes não passem pela grande tribulação. Entretanto, esse não é o ensino de Jesus. Haverá um recrudescimento da perseguição aos cristãos, o que é chamado pelos estudiosos de "martírio vermelho". Muitos cristãos, por amor a Cristo, se recusarão a aderir às ideologias seculares e religiões totalitárias e, como resultado, serão mortos. O chamado "martírio branco" se dá, por exemplo, quando o Estado, considerando a mensagem bíblica uma ameaça, derruba o canal ou as redes sociais de uma igreja ou pastor, ou quando o Ministério Público busca coagir um pregador por causa de alguma fala sua no campo da ética cristã. Entretanto, o que Jesus tem em mente nessa passagem não é apenas o "martírio branco", mas, acima de tudo, o "martírio vermelho". Os cristãos precisarão dar sua vida pelo Evangelho.

Em quarto lugar, haverá também uma grande apostasia (vs. 10-13). Muitas pessoas que se dizem cristãs abandonarão a fé em Cristo. Haverá uma rebelião aberta e esmagadora contra a fé cristã, e até mesmo muitos membros da igreja visível se tornarão aliados dos opositores de Cristo. A pressão não virá apenas de fora da igreja, mas também de dentro dela. Por consequência, grande parte dos que são chamados de cristãos abandonarão a fé verdadeira e bíblica. No versículo 22, porém, Jesus diz que, por amor aos eleitos, esses dias de martírio e apostasia serão abreviados.

Em quinto lugar, também ocorrerá a manifestação do anticristo, um tipo sedutor que desencaminhará as pessoas do verdadeiro Messias, uma paródia caricata e malévola do Cristo verdadeiro (vs. 5 e 24). Ele receberá poder do próprio Satanás e, com seus sinais e milagres falsos, manterá nas trevas os que lá já se acharem, além de quase acabar com a luz da igreja, na medida em que plantará em seu meio a heresia e massacrará os poucos fiéis que não lhe derem ouvidos (cf. 2Ts 2.5-12; 1Jo 4.3; 2Jo 7; Ap 13.1-18).

Em sexto lugar, haverá um aumento tanto das guerras quanto de fomes e terremotos (vs. 6-7). As catástrofes que antecederão o fim, segundo Jesus, não apenas se darão como resultado da ação de homens ímpios, mas envolverão fenômenos extraordinários e sobrenaturais na criação. Na versão de Lucas do Sermão Escatológico, acrescentam-se epidemias às fomes e terremotos, bem como "coisas espantosas e também grandes sinais do céu" (Lc 21.11). É como se o mundo todo entrasse em colapso.

O MOMENTO E A NATUREZA DA VINDA DE CRISTO

Agora que já sabemos quais são os sinais que antecederão o retorno do Senhor, precisamos falar sobre o momento em que esse evento se dará e sobre a sua natureza. É possível, com base nas profecias bíblicas, fixarmos uma data para a vinda de Cristo? Além disso, como exatamente será essa vinda: uma ocorrência secreta ou pública?

Jesus ensina a seus discípulos que a sua vinda se dará num momento que "ninguém sabe", nem mesmo ele, em seu estado de humilhação, ou os anjos celestiais (v. 36; "ninguém sabe" seria mais bem traduzido como "ninguém vê"). Já que apenas o Deus Altíssimo vê o futuro, precisamos estar vigilantes continuamente, como Jesus enfatiza nas três parábolas que conta em Mateus 24.45–25.30 – a parábola do servo bom e do servo mau, a parábola das dez virgens e a parábola dos talentos. Embora estejamos certos de que a vinda de Cristo realmente acontecerá, não temos como saber exatamente quando. Aqueles que buscam definir uma data exata para o fim são falsos profetas. O que nos cabe é sermos vigilantes.

Além disso, essa segunda vinda será única, em oposição aos que propõem dois retornos futuros — o primeiro, secreto; o segundo, público. As palavras de Jesus em Mateus 24.27 deixam claro que a sua vinda será como um relâmpago, que pode ser visto a uma distância imensurável. Quando o Filho do Homem aparecer no céu, "*todos os povos da terra* se lamentarão e *verão* o Filho do Homem vindo sobre as nuvens do céu, com poder e muita glória" (v. 30, ênfase acrescentada).

Também podemos afirmar com segurança e certeza que essa vinda será pessoal. O mesmo Jesus que, ao ascender aos céus, deixou os discípulos voltará em glória (At 1.11). O seu regresso será físico, visível, único, um evento decisivo e final na história. Além disso, será repentino e súbito. Enquanto, em sua primeira aparição, Jesus veio num estado de humilhação, virá, por ocasião de sua segunda aparição, num estado de glória — não mais como um cordeiro, mas como o leão de Judá, o conquistador, o guerreiro invencível, o supremo juiz, o redentor de toda a criação, o Rei dos reis e Senhor dos senhores.

EVENTOS RELACIONADOS À OCORRÊNCIA DA VINDA DE CRISTO

Já sabemos o que acontecerá antes da vinda do Senhor e já refletimos acerca da natureza dela. Contudo, o que ocorrerá durante esse evento e depois dele? O primeiro acontecimento que podemos mencionar em conjunção com a manifestação de Cristo é o arrebatamento da igreja (que será visível e público, como vimos acima). O arrebatamento, por sua vez, não pode ser separado da ressurreição dos mortos e da transformação dos crentes que estiverem vivos. Os que já tiverem morrido ressuscitarão e acompanharão Cristo em seu retorno, enquanto os que estiverem vivos, com seus corpos transformados, serão elevados às nuvens, a fim de se encontrarem pessoalmente com seu campeão poderoso e vitorioso (vs. 31; cf. 1Ts 4.13-18; 1Co 15.50-55). Então, ocorrerá o julgamento final, bem como a chegada da nova criação. Tudo isso marca o triunfo completo de Cristo sobre todos os poderes hostis a Deus, seja o pecado, seja o mundo caído, seja o diabo com seus demônios.

Esse sermão de Jesus nos ensina que, ainda que morramos, soframos enfermidades, padeçamos tristezas neste mundo, sejamos cercados por exércitos de homens ou demônios, a nossa causa já é vitoriosa. Com base na Segunda Guerra Mundial, Oscar Cullmann elaborou uma famosa ilustração da vitória do povo de Deus. No chamado Dia D, em 6 de junho de 1944, os soldados aliados — norte-americanos, britânicos, canadenses, franceses, poloneses — invadiram a Normandia, mas a guerra só terminou em 8 de maio de 1945, no chamado Dia V, após o suicídio de Adolf Hitler e a consequente rendição dos alemães. Da mesma forma, nossa vitória não ocorre apenas no Dia V, mas já no Dia D. A primeira vinda é o Dia D, a inauguração de nossa vitória; a segunda vinda, o Dia V, marcará a consumação de nossa vitória e o fim da guerra. No presente, estamos entre esses dois grandiosos dias, entre a cruz e a coroa, entre a inauguração e a consumação da obra poderosa de Cristo. Contudo, a guerra que lutamos já está decidida. Não precisamos nos perguntar qual será o resultado. Fazemos parte do exército vitorioso.

CAPÍTULO 13

JARDIM DAS OLIVEIRAS
גת שמנים

JONAS MADUREIRA

A Igreja de Todas as Nações, também chamada de Igreja do Getsêmani ou Basílica da Agonia, marca o local onde, segundo a tradição, Jesus orou antes de ser preso (Mc 14.32-42).

VEJA MAIS DA IGREJA DE
TODAS AS NAÇÕES

CONTEXTO HISTÓRICO E GEOGRÁFICO DO JARDIM DAS OLIVEIRAS

JARDIM DAS OLIVEIRAS

O Jardim das Oliveiras, conhecido também como Getsêmani, é um lugar de grande importância nos evangelhos. Localizado na encosta leste do Monte das Oliveiras, próximo à Cidade Velha de Jerusalém, capital de Israel, era um local frequentado por Jesus para suas orações, especialmente antes de ser preso e crucificado. Foi lá que Judas Iscariotes traiu Jesus, o que resultou em sua prisão pelos soldados romanos e líderes religiosos.

Os ensinamentos proferidos por Jesus no Monte das Oliveiras abordam uma variedade de temas e são registrados em diferentes passagens dos evangelhos. Por exemplo, foi aqui que o Senhor criticou os líderes religiosos de sua época em razão de sua hipocrisia, legalismo e falta de verdadeira piedade, bem como advertiu seus ouvintes contra o orgulho e a ostentação espiritual (Mt 23). O Monte das Oliveiras também foi o palco do Sermão Profético, no qual Jesus instruiu seus discípulos sobre os sinais do fim dos tempos e os alertou quanto à presença de falsos messias, guerras, desastres naturais e perseguições vindouras (Mt 24). Em um momento de profunda angústia no Monte das Oliveiras, conhecido como Agonia no Horto, Jesus demonstrou submissão à vontade divina antes de sua prisão e crucificação (Mc 14.32-42).

Nas imediações do Monte das Oliveiras, foram encontradas antigas sepulturas judaicas, vestígios de moradias antigas e sistemas hídricos, além de artefatos que revelam detalhes do cotidiano bíblico. A Igreja de Todas as Nações, também conhecida como Basílica da Agonia, está localizada aos pés desse outeiro, no Jardim das Oliveiras. Sua construção foi concluída em 1924, sobre os vestígios de uma basílica bizantina do século IV e uma pequena capela católica do século XII, construída pelos cruzados e abandonada em 1345. A igreja conhecida como Igreja de Todas as Nações ressalta a diversidade de contribuições de diversas nações, inclusive o Brasil, em sua edificação. Sua arquitetura é notável, adornada com mosaicos coloridos em sua fachada, que representam momentos da provação de Jesus. O interior é ricamente decorado e abriga uma pedra que supostamente marca o local onde Jesus realizou suas orações na noite anterior à sua prisão.

Restos de uma igreja bizantina do século VI no Jardim das Oliveiras

Cemitério judaico no Jardim das Oliveiras, em uso desde o século XVI

MEDITAÇÃO NO JARDIM DAS OLIVEIRAS

Salmo 91.1-16

¹ O que habita no esconderijo do Altíssimo
e descansa à sombra do Onipotente

² diz ao SENHOR: Meu refúgio e meu baluarte,
Deus meu, em quem confio.

³ Pois ele te livrará do laço do passarinheiro
e da peste perniciosa.

⁴ Cobrir-te-á com as suas penas,
e, sob suas asas, estarás seguro;
a sua verdade é pavês e escudo.

⁵ Não te assustarás do terror noturno,
nem da seta que voa de dia,

⁶ nem da peste que se propaga nas trevas,
nem da mortandade que assola ao meio-dia.

⁷ Caiam mil ao teu lado,
e dez mil, à tua direita;
tu não serás atingido.

⁸ Somente com os teus olhos contemplarás
e verás o castigo dos ímpios.

⁹ Pois disseste: O SENHOR é o meu refúgio.
Fizeste do Altíssimo a tua morada.

¹⁰ Nenhum mal te sucederá,
praga nenhuma chegará à tua tenda.

¹¹ Porque aos seus anjos dará ordens a teu respeito,
para que te guardem em todos os teus caminhos.

¹² Eles te sustentarão nas suas mãos,
para não tropeçares nalguma pedra.

¹³ Pisarás o leão e a áspide,
calcarás aos pés o leãozinho e a serpente.

¹⁴ Porque a mim se apegou com amor, eu o livrarei;
pô-lo-ei a salvo, porque conhece o meu nome.

¹⁵ Ele me invocará, e eu lhe responderei;
na sua angústia eu estarei com ele,
livrá-lo-ei e o glorificarei.

¹⁶ Saciá-lo-ei com longevidade
e lhe mostrarei a minha salvação.

PARA SUA MEDITAÇÃO:

Isaías 53.1-12; Mateus 8.18-22; 2 Coríntios 8.7-15; Filipenses 2.1-11; Hebreus 5.5-10

Abnegação na Terra Santa

Muitos costumam manter a Bíblia aberta no Salmo 91 em algum canto de sua casa, pressupondo que esse texto bíblico se refira a eles, como se fosse um lembrete para Deus de que ele deve proteger o seu povo de todos os males. Todavia, por mais que não queiramos destroçar os sonhos de ninguém, esse salmo não diz respeito especificamente a nós, povo de Deus.

Pare para pensar: a pandemia de COVID-19 surgiu e, muito provavelmente, chegou à sua casa; problemas diversos, desde enfermidades até dificuldades financeiras, nos atingem com frequência. Podemos perder nosso emprego; uma enchente pode destruir nossa casa e levar com ela nossos sonhos; podemos ser vítimas de acidentes fatais etc. Mesmo crendo em Cristo e entregando nossas vidas a ele, flechas nos atingirão.

Talvez todos nós já tenhamos orado a Deus, questionando-o quanto ao motivo de sermos alvo de tantos males, uma vez que nossa fé está no Altíssimo. O problema desse tipo de aplicação irrefletida do Salmo 91 repousa no equívoco de que nós habitamos no esconderijo do Altíssimo. Mas quem de nós é capaz de estar no mais alto céu e habitar na morada celestial do próprio Deus?

UM SALMO MESSIÂNICO

Esse tão conhecido texto bíblico não diz respeito a nós, mas a Jesus Cristo. Estamos diante de um salmo messiânico. Ele, sim, pode adentrar o lugar ao qual nenhum de nós tem acesso. Apenas ele pode dizer: "Para onde vou, não me podes seguir agora" (Jo 13.36). Ele, e somente ele, pode entrar livremente na casa do Pai, onde há muitas moradas (Jo 14.2). Nenhum de nós, pecadores como somos, pode passar pelos majestosos portões celestiais e entrar na recôndita Casa de Deus.

O Salmo 91 pode ser lido a partir de três discursos. O primeiro discurso é uma oração que "aquele que habita no esconderijo do Altíssimo" faz a Deus (vs. 1-2); o segundo é o testemunho de um arauto que se dirige ao que habita no esconderijo do Altíssimo (vs. 3-13); por fim, o terceiro é do próprio Deus, que se dirige àquele que habita em seu esconderijo (vs. 14-16).

Aquele que está escondido no esconderijo do Altíssimo pode dizer a Deus: "Meu refúgio e meu baluarte, Deus meu, em quem confio" (v. 2). Esse primeiro discurso do Salmo 91 só pode ser proferido por ninguém menos que Jesus, o único que pode entrar no lugar mais secreto e sagrado que existe, uma região que não pode ser acessada por pecador algum nem por nenhum inimigo do Senhor. Paulo descreve esse local como uma "luz inacessível, a quem homem algum jamais viu, nem é capaz de ver" (1Tm 6.16).

O segundo discurso contido no Salmo, talvez proferido por um profeta ou arauto, ensina que Deus livrará aquele que está em seu esconderijo de qualquer tipo de calamidade pela qual venha a passar. Quando não perdemos de vista que o texto com o qual estamos lidando é um salmo messiânico, o que essa segunda seção mostra é que o próprio Deus dá livramento a Jesus, ordenando aos anjos que o guardem e protejam.

O salmo termina com um terceiro discurso. No primeiro, é Jesus quem fala, a partir de sua posição privilegiada como alguém que habita no esconderijo do Altíssimo. No segundo discurso, um arauto descreve a maneira magnífica e cuidadosa como Deus trata seu Filho, que vive com ele em seu refúgio inacessível. Por fim, no terceiro discurso, o próprio Deus toma a palavra e se dirige a Jesus:

> [14] Porque a mim se apegou com amor, eu o livrarei; pô-lo-ei a salvo, porque conhece o meu nome. [15] Ele me invocará, e eu lhe responderei; na sua angústia eu estarei com ele, livrá-lo-ei e o glorificarei. [16] Saciá-lo-ei com longevidade e lhe mostrarei a minha salvação. (vs. 14-16)

O TESTEMUNHO DO NOVO TESTAMENTO

No entanto, como podemos nos certificar de que esse salmo realmente se refere a Jesus? Obtemos a resposta ao lermos o relato da tentação de Jesus, no começo de seu ministério:

> [1] A seguir, foi Jesus levado pelo Espírito ao deserto, para ser tentado pelo diabo. [2] E, depois de jejuar quarenta dias e quarenta noites, teve fome. [3] Então, o tentador, aproximando-se, lhe disse: Se és Filho de Deus, manda que estas pedras se transformem em pães. [4] Jesus, porém, respondeu: Está escrito: Não só de pão viverá o homem, mas de toda palavra que procede da boca de Deus. (Mt 4.1-4)

Nessa primeira tentação, fica claro que Jesus tinha poder para transformar pedras em pães. Todavia, ele não usava seu poder como numa exibição circense. Sempre que demonstrava sua onipotência divina, a intenção de Jesus era fazer a obra de seu Pai, que o enviara, e, assim, glorificá-lo. Mas, tendo em vista os nossos propósitos na presente meditação, a segunda tentação é ainda mais interessante e reveladora:

> [5] Então, o diabo o levou à Cidade Santa, colocou-o sobre o pináculo do templo [6] e lhe disse: Se és Filho de Deus, atira-te abaixo, porque está escrito: Aos seus anjos ordenará a teu respeito que te guardem; e: Eles te susterão nas suas mãos, para não tropeçares nalguma pedra [Sl 91.11-12]. [7] Respondeu-lhe Jesus: Também está escrito: Não tentarás o Senhor, teu Deus. (Mt 4.5-7)

Até Satanás sabia o que muitos de nós não sabem: que o Salmo 91 diz respeito a Jesus. Mesmo assim, de maneira acintosa, o Diabo distorce o texto sagrado. Para comprovar que realmente era a pessoa de quem o Salmo 91 fala, Jesus deveria, conforme a sugestão do tentador, saltar de sobre o pináculo do templo. Se ele fosse mesmo aquele que tem acesso ao esconderijo do Altíssimo, Deus, conforme o salmo, enviaria anjos para impedir que ele caísse. Jesus, contudo, resiste à tentação de Satanás e permanece fiel a seu Pai.

Voltemo-nos agora para o fim do ministério terreno de Jesus. Ele não está mais no deserto, mas num jardim — o Jardim do Getsêmani, muito perto de onde agora nos achamos. Ele ora com tanta intensidade e angústia que seu suor se tornou como gotas de sangue (Lc 22.44). Então, ordena a seus discípulos que se levantem, porque o traidor estava prestes a chegar. A história segue:

> [47] Falava ele ainda, e eis que chegou Judas, um dos doze, e, com ele, grande turba com espadas e porretes, vinda da parte dos principais sacerdotes e dos anciãos do povo. [48] Ora, o traidor lhes tinha dado este sinal: Aquele a quem eu beijar, é esse; prendei-o. [49] E logo, aproximando-se de Jesus, lhe disse: Salve, Mestre! E o beijou. [50] Jesus, porém, lhe disse: Amigo, para que vieste? Nisto, aproximando-se eles, deitaram as mãos em Jesus e o prenderam. [51] E eis que um dos que estavam com Jesus, estendendo a mão, sacou da espada e, golpeando o servo do sumo sacerdote, cortou-lhe a orelha. [52] Então, Jesus lhe disse: Embainha a tua espada; pois todos os que lançam mão da espada à espada perecerão. [53] *Acaso, pensas que não posso rogar a meu Pai, e ele me mandaria neste momento mais de doze legiões de anjos?* (Mt 26.47-53, ênfase acrescentada)

Por ser o único que habita no esconderijo do Altíssimo, Jesus poderia ter dado ordens aos anjos para que o protegessem. Caso Jesus tivesse optado por permanecer escondido em Deus, ninguém jamais o acharia, ninguém conseguiria tocar um dedo nele. Os homens que acompanhavam Judas foram capazes de colocar as mãos em Jesus não porque fossem poderosos, mas apenas porque Jesus abriu mão da luz inacessível na qual habitava. Nem Roma nem o sinédrio tinham poder o bastante para prenderem o Filho de Deus. Assim como, na época de Daniel, todos achavam que Nabucodonosor era um poderoso conquistador, quando, na verdade, a Bíblia ensina que foi Deus quem entregou os povos em suas mãos (Dn 4.19-37), Jesus não foi capturado porque seus opositores fossem mais fortes do que ele, mas porque se entregou voluntariamente, segundo a vontade do Pai.

A MAIOR DEMONSTRAÇÃO DE PODER

Às vezes, porém, parece que queremos um Messias que use espada e que sempre esteja acompanhado por uma ameaçadora hoste angelical, pronta para acabar com todos os que nos maltratam. Pensamos que essa seria a maior demonstração de coragem e poder. Entretanto, a mais grandiosa amostra de coragem se dá quando alguém dotado de muito poder voluntariamente não faz uso dele. O maior poder do cristão não é sua força, mas sua entrega, sua submissão, sua abnegação, sua obediência — ideias que muitos não suportam.

Jesus abriu mão do esconderijo do Altíssimo,

onde mal algum jamais o alcançaria, e se manifestou a nós. Ele abdicou do exército poderosíssimo de anjos que poderia socorrê-lo, tanto se ele saltasse do pináculo do templo quanto se quisesse acabar com a vida dos que queriam prendê-lo e matá-lo. A abnegação de Jesus, muito maior e mais profunda do que possamos conceber, é resultado de sua obediência. Ele queria executar perfeitamente a vontade do Pai, vivendo em inteira sujeição a ele como um homem perfeito.

No Getsêmani, a maior dor que contemplamos não é a da traição ou da prisão, mas a da abnegação: "não se faça a minha vontade, e sim a tua" (Lc 22.42). Da mesma forma, nossa maior prova não será para que demonstremos poder, mas para que cumpramos as Escrituras, submetendo-nos humildemente à vontade do Pai, a exemplo do nosso Senhor, ainda que isso custe as nossas vidas.

CAPÍTULO 14
JARDIM DA TUMBA
גן הקבר

FRANKLIN FERREIRA

O Jardim da Tumba é uma alternativa à Igreja do Santo Sepulcro como possível local do sepultamento de Jesus. A área é adjacente a uma formação rochosa que lembra um crânio — possivelmente, o Gólgota, isto é, o Lugar da Caveira (Mt 27.33).

VEJA MAIS DO
JARDIM DA TUMBA

CONTEXTO HISTÓRICO E GEOGRÁFICO DO JARDIM DA TUMBA

JARDIM DA TUMBA

O Jardim da Tumba, em Jerusalém, é considerado por muitos como um possível local da crucificação e sepultamento de Jesus Cristo, ocorrido entre 30 e 33 d.C. Embora haja debates entre os estudiosos sobre o assunto, o local possui grande importância, especialmente para a comunidade protestante. Ele é visto como uma alternativa ao local tradicionalmente reconhecido como aquele em que ocorreram a crucificação e o sepultamento de Jesus, a Igreja do Santo Sepulcro, que está sob administração da Igreja Católica Romana, da Igreja Ortodoxa Grega e da Igreja Apostólica Armênia desde o século XIX.

Dentro do Jardim da Tumba, há um túmulo esculpido na rocha que remonta à época romana (embora, possivelmente, seja muito mais antigo, datando até do século VII a.C.), além de um jardim com um reservatório de água, o que sugere que se trata de uma propriedade de um indivíduo abastado. Isso combina com os relatos dos evangelhos sobre o sepultamento de Jesus. Descoberto no fim do século XIX por Charles Gordon, renomado general do exército britânico, o local tem sido cuidado pela Associação Britânica do Jardim da Tumba por mais de 100 anos.

Nas proximidades do Jardim da Tumba, encontra-se uma formação rochosa que muitos creem ser o Calvário ou Gólgota, em razão de sua semelhança com uma caveira. Com suas depressões e contornos, a formação rochosa, apelidada de "rocha da caveira", tem características que lembram um crânio humano e se acha localizada perto de uma rua movimentada, bem como de uma antiga pedreira que pode ter sido usada para execuções públicas na época romana.

Independentemente de ser o local exato, toda a área do Jardim da Tumba proporciona um ambiente tranquilo e calmo para reflexão e contemplação aos visitantes que estão em busca de conexão com os eventos centrais da fé cristã. Não é incomum ver cristãos celebrando a Santa Ceia em alguns dos espaços reservados no Jardim da Tumba para cultos e momentos de reflexão.

Interior da tumba

Formação rochosa em formato de crânio próxima ao Jardim da Tumba

MEDITAÇÃO NO JARDIM DA TUMBA

JARDIM DA TUMBA

1 Coríntios 15.1-8

¹ Irmãos, venho lembrar-vos o evangelho que vos anunciei, o qual recebestes e no qual ainda perseverais; ² por ele também sois salvos, se retiverdes a palavra tal como vo-la preguei, a menos que tenhais crido em vão. ³ Antes de tudo, vos entreguei o que também recebi: que Cristo morreu pelos nossos pecados, segundo as Escrituras, ⁴ e que foi sepultado e ressuscitou ao terceiro dia, segundo as Escrituras. ⁵ E apareceu a Cefas e, depois, aos doze. ⁶ Depois, foi visto por mais de quinhentos irmãos de uma só vez, dos quais a maioria sobrevive até agora; porém alguns já dormem. ⁷ Depois, foi visto por Tiago, mais tarde, por todos os apóstolos ⁸ e, afinal, depois de todos, foi visto também por mim, como por um nascido fora de tempo.

PARA SUA MEDITAÇÃO:

Romanos 6.1-11; 2 Coríntios 5.14-21; Efésios 2.1-10; 2 Timóteo 2.8-13; 1 Pedro 2.21-25

Evangelho na Terra Santa

O propósito das meditações que temos feito é ajudá-lo, caro leitor, a caminhar com Cristo pela Terra Santa. Em cada uma de nossas reflexões, temos destacado algo que está conectado diretamente com Cristo nos lugares que visitamos. Porém, a localidade em que agora nos encontramos, o Jardim da Tumba, é o mais importante em que já estivemos. Há um grande debate sobre se foi realmente aqui que nosso Senhor foi crucificado e, na sequência, sepultado. Seja como for, permanece o fato de que o que ocorreu em Jerusalém por volta de 30–33 d.C. foi o evento definidor da história.

Devemos ter em mente que os evangelhos, ao narrarem a morte, sepultamento e ressurreição de Jesus, não abordam esses eventos de forma exaustiva. Os evangelistas tinham a preocupação principal de relatar que a crucificação, a tumba vazia e a ressurreição foram eventos factuais, ocorridos dentro da história. Não se trata de parábola, mito, fábula, lenda ou delírio coletivo. A história de Jesus contada nos evangelhos é real. Recebemos e confiamos em seus relatos porque foram inspirados pelo Espírito Santo.

O CONTEXTO DE 1 CORÍNTIOS

Entretanto, Paulo também tem a sua contribuição singular no que tange a esses mesmos eventos da vida de Cristo. O apóstolo dos gentios, a quem Cristo se revelou no caminho de Damasco, afirma, junto com os evangelistas e à luz do Antigo Testamento, os pilares históricos sobre os quais a mensagem do Evangelho se assenta. Assim, em 1 Coríntios 15, Paulo responderá a uma importante questão proposta pelos cristãos da Acaia, que se achavam sob pressão: "a ressurreição de Cristo foi um evento histórico?"

A igreja de Corinto era opulenta, rica, multiétnica, localizada na cidade mais importante da Acaia à época (Atenas experimentava decadência). Uma tentação para os cristãos de Corinto era que, na tentativa de ganhar outras pessoas abastadas e ilustres, deixassem de enfatizar a historicidade da ressurreição de Cristo. É possível que alguns dos líderes dessa igreja considerassem que Cristo, na verdade, era um "espírito vivente", já que, de modo geral, a ressurreição do corpo, que envolvia à reanimação da matéria, era um grande escândalo para a cultura greco-romana (pelo menos para algumas correntes filosóficas influentes no mundo antigo). Todavia, Paulo, em 1 Coríntios 15, um dos capítulos mais importantes da Bíblia, enfatiza que a realidade da ressurreição de Cristo é vital para nossa fé. Sem essa crença, não há cristianismo.

Paulo escreveu 1 Coríntios cerca de 20 anos após a ressurreição de Cristo. O que o apóstolo quer reforçar nessa correspondência é que as crenças que ele havia transmitido aos crentes da Acaia eram essenciais para todo cristão e para todas as igrejas que se dizem cristãs. Ainda que, em muitos aspectos, os cristãos em Corinto estivessem claudicando na fé, Paulo não os trata como inimigos, mas como irmãos, destacando seu desejo de que relembrassem sempre o Evangelho que tinham recebido.

O EVANGELHO SEGUNDO PAULO

O que é o Evangelho? Como você responderia a essa pergunta? É chocante o fato de haver uma quantidade assustadora de cristãos — muitos dos quais são membros antigos em suas igrejas — que não conseguem definir o que são as Boas Novas. Que notícias são essas, afinal? Em nosso texto, Paulo mostra com clareza o que é o Evangelho que ele havia recebido e que pregava com tanto afinco. Vejamos o que ele tem a dizer sobre a sua mensagem.

O apóstolo resume o Evangelho em três afirmações (ecoadas, aliás, no Credo Apostólico). Em primeiro lugar, o Evangelho diz respeito à morte de Cristo pelos nossos pecados, embora o apóstolo não elabore aqui os desdobramentos dessa afirmação. Sobretudo nas cartas aos Romanos, Gálatas e Colossenses, Paulo amplia o entendimento do que Cristo fez na cruz — ele redime todos os que creem nele, resgatando-os da maldita escravidão ao pecado, ao Diabo e ao mundo e renovando-os para uma nova vida. Além disso, segundo o apóstolo, a morte de Cristo é expiatória (ou seja, aqueles que creem em Cristo têm seus pecados cobertos, a fim de que deixem de ofender a majestade divina) e propiciatória (isto é, Cristo, ao morrer no lugar de pecadores, satisfez completamente a ira de Deus, de modo que não haverá mais condenação para os crentes). Por causa do sacrifício de Jesus, aquele que era contra nós agora é por nós.

Em Colossenses, Paulo nos lembra que o escrito de dívida que nos era contrário foi pregado no madeiro (2.14). Além disso, no versículo seguinte, Paulo ainda ensina que o Diabo foi derrotado na cruz — o que pode nos causar alguma estranheza, caso enxerguemos a cruz como um sinal de fracasso e derrota. A cruz, a fraqueza de Deus, é mais forte do que todos os poderes deste mundo, mais forte que o próprio Satanás. É por isso que o apóstolo, em Colossenses, lança mão de uma imagem típica do mundo romano: o desfile triunfal de um exército vitorioso, diante do qual marchava o general triunfante. As tropas perdedoras vinham logo atrás, em cuja retaguarda se achava o comandante dos derrotados, amarrado e sem armadura. Na cruz, o Diabo foi despojado de seu poder. Ele já foi vencido na cruz, o nosso "Dia D" (veja o capítulo 12 deste livro).

Mestres heréticos do século II diziam que Jesus morreu, mas que, na cruz, o espírito dele o abandonou. Ou, diriam outros hereges antigos, em algum momento durante a passagem de Jesus pela Via Dolorosa, Simão Cireneu, por causa de um ofuscamento da luz, foi tomado e crucificado no lugar de Cristo. Essas eram algumas das ideias correntes que mestres heréticos, às margens da igreja no século II, ensinavam. O fato, porém, é que, de acordo com as Escrituras, Jesus morreu pelos nossos pecados de fato.

A segunda afirmação que Paulo usa para resumir o Evangelho é que Cristo foi sepultado. Ele realmente provou a morte, encarando o último e mais terrível inimigo. Ele não desmaiou na cruz, como alguns mestres heréticos propunham. Cristo morreu e, em seguida, foi sepultado literalmente. Ele teve seu corpo colocado numa tumba tal como a que está bem ao nosso lado — uma tumba selada e guardada por soldados romanos. Contudo, por mais inviolável que fosse, essa tumba não foi capaz de conter o Filho de Deus.

A terceira e última asserção paulina sobre o Evangelho é que Jesus ressuscitou corporalmente dentre os mortos ao terceiro dia. Esse evento, assim como a sua morte e sepultamento, não foi fabricado pelas mentes criativas de discípulos prontos a espalhar histórias lendárias. A ressurreição do Senhor é uma ocorrência factual, e não um mero delírio coletivo de cristãos saudosos. A crença na literalidade e historicidade desse evento é um artigo de fé indispensável para qualquer cristão genuíno.

Em suma, para Paulo, o verdadeiro Evangelho consiste na afirmação de que Jesus, de acordo com as Escrituras Sagradas, morreu pelos nossos pecados, foi sepultado e ressuscitou ao terceiro dia. Nosso Salvador de fato desceu ao mundo pavoroso da morte. Seu corpo inerte e sem vida foi realmente colocado numa tumba. Porém, ele ressurgiu dentre os mortos. Os anjos desceram do céu como raios e removeram a pedra, como se fosse uma cortina, que, quando aberta, revelou o Cristo ressurreto, em pé, vitorioso. Alguns soldados da guarda romana desmaiaram, outros correram apavorados e trôpegos, abandonando suas espadas, lanças, escudos e capacetes.

Poucos captaram a historicidade da ressurreição com tanta intensidade como o premiado romancista norte-americano John Updike, em seu poema "Sete Estrofes sobre a Páscoa":

> Não se engane: se ele ressuscitou mesmo
> foi com seu corpo;
> se a dissolução das células não foi revertida, as
>   moléculas reconectadas,
> os aminoácidos reanimados,
> a Igreja cairá.
>
> Não foi como as flores,
> que ressurgem em cada suave primavera;
> não foi com seu Espírito nas bocas e olhos aturdidos
> dos onze apóstolos;
> foi com sua Carne: nossa.
>
> Os mesmos dedos articulados,
> o mesmo coração e suas válvulas
> que, perfurado, morreu, murchou, parou e, então,
>   reconquistou
> de permanente Poder
> novas forças para sustentar.
>
> Não debochemos de Deus com metáforas,
> analogias, esquivando-nos da transcendência;

fazendo do evento uma parábola, um símbolo pintado na apagada
credulidade de eras antigas:
entremos pela porta.

A pedra foi rolada, não papel-machê,
não uma pedra de contos de fadas,
mas a vasta rocha da materialidade que, no lento moer do tempo, vai eclipsar para cada um de nós
a vasta luz do dia.

E se vamos ter um anjo na tumba,
que seja um anjo real,
pesado com os quanta de Max Planck, vívido com cabelos,
opaco na luz do amanhecer, vestido com linho de verdade
feito em um tear definido.

Não busquemos deixar a coisa menos monstruosa,
para nossa conveniência, nosso senso de beleza,
para que, despertos naquela hora impensável, nós não sejamos
envergonhados pelo milagre,
e esmagados pelo julgamento.

Jesus não ressurgiu como um fantasma ou um espírito, mas como um homem, dotado de um corpo físico e material, assim como o nosso. A diferença é que o corpo da ressurreição é um corpo glorificado, aperfeiçoado e revestido de imortalidade e incorruptibilidade. As cicatrizes foram mantidas no corpo restaurado de Jesus, mas apenas como um emblema de que a morte que ele havia enfrentado era real.

É importantíssimo também que percebamos que o apóstolo embasa as três afirmações centrais do Evangelho — Cristo morreu, foi sepultado e ressuscitou ao terceiro dia — nas Escrituras, isto é, o Antigo Testamento. Para Paulo, o Evangelho que nos salva foi anunciado e prometido muito antes de Jesus vir ao mundo. É por esse motivo que ele usa uma construção que já havia empregado em 11.23: "antes de tudo, vos entreguei o que também recebi" (v. 3). Os olhos de Paulo foram abertos por Deus para que enxergasse a mensagem real das Escrituras Sagradas. Ele recebeu um entendimento novo e verdadeiro a respeito da Bíblia, de modo que percebeu que cada seção dela — a Lei, os Profetas e os Escritos — revelava que o Messias tinha de morrer pelos nossos pecados, ser sepultado e ressuscitar. Portanto, a autoridade aqui não é do apóstolo, mas das próprias Escrituras. Ele recebeu diretamente do Antigo Testamento o Evangelho que pregava.

TESTEMUNHAS OCULARES DO CRISTO RESSURRETO

Nos versículos 5-8, Paulo busca mostrar aos seus leitores que havia muitas testemunhas oculares do Cristo ressurreto. Ele apareceu a Pedro, aos demais apóstolos, a mais de 500 pessoas e a Tiago (irmão de Jesus). Enquanto Paulo escrevia aos crentes de Corinto, muitas dessas testemunhas ainda estavam vivas. Elas falaram, andaram, comeram, beberam e pescaram com o Cristo ressurreto; elas estavam disponíveis e dispostas a confirmar a realidade da ressurreição.

Por fim, após mencionar todas as pessoas que tiveram contato com Jesus após a ressurreição, Paulo, com muita humildade, menciona que Cristo apareceu também a ele (no caminho de Damasco). Esse encontro transformou totalmente a vida desse homem, que, de um orgulhoso membro da tribo de Benjamim, um zeloso fariseu e feroz perseguidor da igreja cristã, tornou-se o apóstolo dos gentios, o maior propagador da mensagem de Cristo em seu tempo, alguém que estava totalmente disposto a entregar sua vida para que judeus e gentios se reconciliassem com o Messias de Israel, o Salvador do mundo.

A MORTE, SEPULTAMENTO E RESSURREIÇÃO DOS CRENTES

Todos que creem em Cristo podem ter a certeza de que, pela morte do seu Senhor, cada um de seus pecados foi perdoado, de maneira que também não serão vencidos pela morte (já que "o salário do pecado é a morte" [Rm 6.23]). Se estamos em Cristo e cremos nessa boa notícia, a nossa autoimagem não é determinada pelos nossos fracassos ou sucessos, pelo nosso desempenho, pelo nosso grau de santidade, pela igreja que frequentamos. Antes, nossa autoimagem agora é definida pelo perdão que vem de Cristo, que morreu por nós e a quem estamos unidos pela fé. Somos redimidos, reconciliados e propiciados. Os nossos pecados foram totalmente expiados. Fomos alistados no exército vitorioso, cujo General derrotou o Diabo na cruz.

Um dia, seremos sepultados, mas, se cremos no Evangelho que Paulo pregava, a sepultura não tem a última palavra. A travessia do rio muito profundo e sem ponte, que tanto aterrorizava Cristão, o protagonista de *O Peregrino*, de John Bunyan, não é o fim de nossa história. À semelhança de nosso Senhor, ressuscitaremos. É triste notar que alguns cultos fúnebres de cristãos não refletem a gloriosa certeza de que a ressurreição realmente acontecerá. Ouvem-se frases de efeito vazias, lugares-comuns, clichês, cânticos rasos. No entanto, a morte de irmãos na fé deveria ser a ocasião perfeita para a doutrina da ressurreição do corpo brilhar potentemente, intensificando a nossa admiração pela obra de Cristo. A terra realmente devolverá nossos amados. Nós os veremos novamente e, juntos, louvaremos a Deus. Ainda teremos a oportunidade de comer e beber com eles. Precisamos cantar e anunciar que a ressurreição de Cristo já ocorreu e que, por isso, também ressuscitaremos. Não há nenhuma outra ideologia, filosofia ou religião que possa nos prover uma esperança tão grandiosa e que exerça um impacto tão benéfico em nossas vidas no presente.

Se cremos em Jesus, temos perdão completo aqui e agora. Nossa imagem é definida por quem Cristo é por nós. Nossos corpos serão transformados e glorificados, a exemplo do corpo ressurreto de Jesus. Celebraremos e louvaremos a Deus pelo seu cuidado para conosco nos piores momentos desta existência de dor e tristeza. Parafraseando C. S. Lewis, se pensarmos no mundo como uma prisão, reclamaremos do serviço. Contudo, se virmos o mundo como um campo de batalha, esperaremos por libertação.

Assim, as perguntas mais importantes que temos de responder são: cremos realmente no Evangelho? Cremos que Cristo morreu, foi sepultado e ressuscitou? Cremos que, à semelhança do nosso Senhor, também morreremos, seremos sepultados e ressuscitaremos? Crer é descansar e confiar com todo o nosso ser. Se podemos responder positivamente a essas perguntas, temos perdão para os pecados e a garantia de que ressuscitaremos corporalmente, para estarmos para sempre com o Senhor e com todos os nossos amigos e familiares que morreram em Cristo. Que reconfortante esperança!

CAPÍTULO 15

TABGHA
עין שבע

JONAS MADUREIRA

A Igreja do Primado de Pedro, situada em Tabgha, à margem noroeste do Mar da Galileia, marca o lugar tradicionalmente reconhecido como aquele em que Jesus restaurou Pedro, o apóstolo que, pouco antes, o negara três vezes. O Senhor incumbiu o seu discípulo, também por três vezes, de cuidar de suas ovelhas (Jo 21.15-19).

VEJA MAIS DA IGREJA DO
PRIMADO DE PEDRO

CONTEXTO HISTÓRICO E GEOGRÁFICO DE TABGHA

Tabgha é um lugar de grande importância na história bíblica, devido a dois acontecimentos importantes ligados à vida e ao ministério de Jesus Cristo, especialmente durante sua estadia na região da Galileia. Em primeiro lugar, tradicionalmente, acredita-se que Tabgha seja o local onde Jesus realizou o milagre da multiplicação dos pães e peixes, conforme nos contam os Evangelhos de Mateus (14.13-21), Marcos (6.30-44), Lucas (9.10-17) e João (6.1-14). Nessa ocasião, Jesus alimentou uma multidão com apenas cinco pães e dois peixes, demonstrando seu poder divino e sua preocupação com as necessidades das pessoas.

Inaugurada em 1984 e construída sobre os restos de uma igreja bizantina do século V, a Igreja da Multiplicação dos Pães e Peixes marca o lugar onde, segundo a tradição, esse milagre ocorreu. Um dos principais destaques da igreja é seu mosaico restaurado do século V, o mais antigo mosaico cristão já encontrado na Terra Santa. Posicionada em frente ao altar da igreja, essa arte representa dois peixes ladeando uma cesta que contém pães.

Além disso, outro acontecimento relevante conectado a Tabgha foi que a aparição do Cristo ressurreto a seus discípulos se deu perto dessa cidade, nas margens do Mar da Galileia. Durante esse encontro, Jesus restaurou Pedro, que o havia negado três vezes antes da crucificação, e o incumbiu de cuidar de suas ovelhas (Jo 21.1-19).

A Igreja do Primado de Pedro, erguida no local onde, segundo a tradição cristã, Jesus apareceu aos seus discípulos após ressuscitar, tem sua origem no século IV, mas passou por várias restaurações e reconstruções ao longo dos séculos, em razão de danos causados por conflitos. Sua estrutura atual é principalmente do século XX, após uma restauração significativa feita pela Igreja Católica.

Mosaico do século V na Igreja da Multiplicação dos Pães e Peixes

Mensa Christi (mesa de Cristo), o local dentro da Igreja do Primado de Pedro onde se acredita que o Cristo ressurreto alimentou seus discípulos e restaurou Pedro (Jo 21.9-17)

MEDITAÇÃO EM TABGHA

João 21.15-19

¹⁵ Depois de terem comido, perguntou Jesus a Simão Pedro: Simão, filho de João, amas-me mais do que estes outros? Ele respondeu: Sim, Senhor, tu sabes que te amo. Ele lhe disse: Apascenta os meus cordeiros. ¹⁶ Tornou a perguntar-lhe pela segunda vez: Simão, filho de João, tu me amas? Ele lhe respondeu: Sim, Senhor, tu sabes que te amo. Disse-lhe Jesus: Pastoreia as minhas ovelhas. ¹⁷ Pela terceira vez Jesus lhe perguntou: Simão, filho de João, tu me amas? Pedro entristeceu-se por ele lhe ter dito, pela terceira vez: Tu me amas? E respondeu-lhe: Senhor, tu sabes todas as coisas, tu sabes que eu te amo. Jesus lhe disse: Apascenta as minhas ovelhas. ¹⁸ Em verdade, em verdade te digo que, quando eras mais moço, tu te cingias a ti mesmo e andavas por onde querias; quando, porém, fores velho, estenderás as mãos, e outro te cingirá e te levará para onde não queres. ¹⁹ Disse isto para significar com que gênero de morte Pedro havia de glorificar a Deus. Depois de assim falar, acrescentou-lhe: Segue-me.

PARA SUA MEDITAÇÃO:

Mateus 26.36-46; Romanos 7.7-25; Romanos 8.1-14; Gálatas 5.16-26

Amor insuficiente na Terra Santa

Você sabe quais são as três regras mais importantes da interpretação da Bíblia? São estas:

> Regra 1: Contexto
>
> Regra 2: Contexto
>
> Regra 3: Contexto

O contexto é o que há de mais fundamental na hermenêutica, visto que, sem ele, não podemos entender a passagem que nos propusemos a interpretar. É à luz do contexto que um texto ganha significado. Não existe algo como um texto desprovido de contexto.

O PEDRO PRÉ-NEGAÇÃO

Um dos contextos em referência ao qual o texto lido deve ser interpretado é o diálogo entre Jesus e Pedro registrado em João 13.36-38, que se dá em meio à celebração da Páscoa. Pouco antes do início dessa conversa, Judas se retira da presença deles, depois de receber de Jesus o comando para que fizesse o que tinha de fazer (Jo 13.21-30). Na sequência, Jesus diz aos discípulos o que, alguns capítulos antes (8.21), já tinha dito para os judeus: "para onde eu vou, vós não podeis ir" (13.33). Curioso, Pedro entra em cena e pergunta: "Senhor, para onde vais?", ao que Jesus responde: "Para onde vou, não me podes seguir agora" (13.36).

Até aquele ponto, Pedro era capaz de seguir Jesus, mas ainda não estava apto a acompanhá-lo até a casa do Pai, para a qual Jesus estava prestes a voltar. A resposta de Pedro à afirmação de Jesus é proferida quase que por reflexo: "Senhor, por que não posso seguir-te agora? Por ti darei a própria vida" (13.37). É quase possível perceber um sorriso no canto da boca de Jesus ao ouvir as palavras de seu impetuoso discípulo. Na iminência de ser renegado por aquele que acabara de lhe prometer fidelidade absoluta, Jesus questiona sarcasticamente: "Darás a vida por mim?" (13.38).

A ironia contida nessa pergunta se evidencia de duas maneiras. Em primeiro lugar, é como se Jesus dissesse a Pedro: "você dará a vida por mim? Na História da Redenção, quem tem de dar a vida sou eu, e não você!" Jesus está perfeitamente consciente de que o responsável por se entregar não é Pedro, mas ele mesmo. Ele é quem morrerá por Pedro, e não o contrário. Uma segunda ironia, ainda mais cáustica, reside no fato de que, ao fazer essa pergunta, Jesus sabe que Pedro não terá coragem suficiente para dar sua vida por ele.

Em vez de ficarmos desapontados com Pedro ou recriminá-lo, devemos nos encher de esperança, pois somos exatamente como ele. À semelhança dele, nós também temos a intenção real e sincera de, se necessário, darmos a vida pelo nosso Senhor, mas, com frequência, quando a tentação do pecado nos assalta, viramos as costas para Jesus com uma facilidade vergonhosa. Se um homem como Pedro foi um discípulo tão próximo de Jesus, qualquer um de nós também pode ser. A régua ficou numa boa medida.

Quando Pedro diz: "Por ti darei a própria vida", revela ignorância a respeito de si mesmo. Se soubesse quem realmente era, jamais diria isso. Quando, porém, Jesus lhe pergunta: "darás a vida por mim?", sabia muito bem quem era Pedro. Ele revela que conhecia o seu discípulo muito mais do que este conhecia a si próprio.

Após esse questionamento irônico, Jesus acrescenta: "Antes que o galo cante, tu me negarás três vezes" (13.38, A21). De fato, poucas horas depois, antes do canto do galo, Pedro negaria Jesus em três oportunidades (18.15-18, 25-27). Podemos imaginar que, depois da morte de Cristo, os ouvidos do apóstolo não deixavam de retinir. O canto do galo reverberava potentemente em sua cabeça, pois Pedro sabia muito bem o que esse som indicava: que ele era um traidor, alguém que não tinha sido capaz de ser leal ao Senhor a quem jurara fidelidade incondicional.

No capítulo 6 deste livro, vimos que multidões seguiam Jesus à distância, sem comprometimento algum. Havia, contudo, uns poucos que o seguiam de perto e que lhe eram chegados. Será que mesmo os que estão próximos a Jesus podem fraquejar e ser restaurados? É possível que tenham o seu relacionamento com Cristo restabelecido após um momento sórdido de covardia e mesquinhez? Em outras palavras, será que o Evangelho alcança crentes traidores como Pedro?

Esse discípulo passou pela vergonhosa e infame experiência de virar as costas para Jesus, mesmo depois de ter contemplado sua face de perto. Todavia, o caso de Pedro não é uma exceção entre os discípulos que se assentam aos pés do Mestre. Por mais que seja dolorido reconhecer, nós todos já experimentamos, com uma regularidade lastimável, o sabor amargo da infidelidade a Cristo. Pedro, dessa forma, dá voz a cada um de nós, que não conseguimos seguir Jesus como deveríamos.

O PEDRO PÓS-NEGAÇÃO

Agora, uma vez que já apresentamos o contexto à luz do qual devemos entender o texto de João 21.15-19, estamos aptos a retomar o nosso texto e interpretá-lo. O Jesus que fora renegado por Pedro e morto pelos seus opositores ressuscitou ao terceiro dia e, agora, no trecho que lemos no começo, estabelecerá uma nova e marcante interação com o discípulo que o negara três vezes.

Essa é uma passagem extraordinariamente significativa, pois nela nos deparamos com um Pedro diferente. Aquele Pedro pré-negação não sabia que era insuficiente e, por isso, confiava demasiadamente em si mesmo, a ponto de dizer: "Por ti darei a própria vida". O primeiro sinal de que nos conhecemos verdadeiramente — ou seja, de que temos um autoconhecimento derivado das Escrituras — é que suspeitamos de nós mesmos. Desde a Queda, duvidar de Deus é fácil para nós. O maior desafio da vida é duvidar de nós mesmos, de nossas próprias dúvidas, de nossas próprias suspeitas.

Há duas possíveis interpretações para esse segundo diálogo de Jesus com Pedro. A mais comum propõe que o fato de Jesus perguntar para seu discípulo três vezes consecutivas se o amava indica que o Mestre duvidava do amor dele. Essa é uma interpretação possível, mas aparentemente ingênua. Outra interpretação sugere a possibilidade de que haja um trocadilho no texto no grego — e não são poucos os eruditos que também discordam dela. Que trocadilho seria esse? Há dois verbos gregos diferentes que são traduzidos como "amar" nesse excerto: *agapaō* (ἀγαπάω) e *phileō* (φιλέω). Embora possam ser usados como sinônimos, há circunstâncias nas quais é possível que tenham distinções leves. O verbo *agapaō* pode indicar o amor de Deus, que envolve uma entrega total, plena e incondicional, enquanto *phileō* pode descrever o amor que nós, seres humanos, demonstramos nesta vida, um amor que, em vez de ser incondicional, se baseia em contrapartidas. Trata-se de um amor que sabe que tem limites, mas é amor. Seria grosseira uma interpretação que reduzisse o amor *phileō* às amizades de "segundas intenções".

Se essa distinção entre esses dois verbos gregos realmente tiver de ser levada em conta em nosso texto, o diálogo entre Jesus e Pedro pode ser razoavelmente parafraseado assim:

— Pedro, tu me amas no sentido de *agapaō*?
— Sim, Senhor, eu te amo no sentido de *phileō*.
— Apascenta os meus cordeiros.

Essa ordem que Jesus dá a Pedro — "Apascenta os meus cordeiros" — deve nos indignar mais do que o fato de Jesus perguntar a alguém que acabara de traí-lo se este o amava. Como, afinal, um traidor poderia ser encarregado de pastorear o rebanho de Cristo? O diálogo, porém, segue:

— Pedro, tu me amas no sentido de *agapaō*?
— Sim, Senhor, tu sabes que te amo no sentido de *phileō*.
— Pastoreia as minhas ovelhas.

Por fim, ocorre uma terceira e última rodada de interação entre Jesus e Pedro:

— Pedro, tu me amas no sentido de *phileō*?
— Sim, Senhor, tu sabes que te amo no sentido de *phileō*.
— Apascenta as minhas ovelhas.

Para cada uma das três negações, Jesus deu a Pedro uma oportunidade de revelar que havia aprendido quem realmente era, isto é, alguém que não conseguia amar o seu Senhor da maneira como o Senhor o amava. Em uma tradução mais livre e amigável para o leitor, poderíamos reconstruir esse diálogo da seguinte forma:

— Pedro, tu me amas do jeito que te amo?

— Sim, Senhor, eu te amo do meu jeito.

Observando a alternância dos verbos, podemos constatar que Pedro já não é mais o mesmo. A sua versão pré-negação não tinha um autoconhecimento verdadeiro e, por isso, prometeu a Jesus um amor sacrificial e irrestrito, um amor que ele não era capaz de lhe dar. Contudo, a versão pós-negação de Pedro tem uma autopercepção muito mais realista e aguçada. Agora, Pedro reconhece que o amor que tem por Jesus não é tão sólido quanto gostaria. É como se dissesse: "Eu sou uma farsa. Se colocarem um punhal nas minhas costas, gritarei. Se me colocarem em uma situação de vida ou morte, entregarei até mesmo o meu Senhor, caso a graça de Deus não me ampare".

É por isso que, quando Jesus pergunta a Pedro se o ama do seu jeito, ouve como resposta: "Não, Senhor, eu te amo do jeito que tu sabes que te amo". Então, diante da sinceridade de seu discípulo, Jesus responde com um acalentador: "Apascenta as minhas ovelhas", que deve ter soado aos ouvidos de Pedro como se Jesus lhe dissesse: "Agora você está pronto. Eu não poderia entregar a minha igreja para alguém que, em vez de descansar no meu sacrifício, quisesse se sacrificar por mim; alguém que, em lugar de receber o meu presente, quisesse me oferecer um presente; alguém que preferisse suas próprias obras à minha graça. Agora, sim, você está pronto! Agora, sim, você pode cuidar das minhas ovelhas. Sabendo que não é capaz de me amar como eu o amei, agora você será capaz de me amar como eu o amei, dando a sua vida por aqueles por quem eu também dei a minha."

Como não poderia ser diferente, nosso texto nos informa que, ao reconhecer sua incapacidade de amar Cristo como deveria, Pedro ficou triste. Esse é um dos principais indícios de que uma pessoa se arrependeu verdadeiramente. Um crente genuíno não gostaria de amar Jesus apenas à proporção de sua capacidade. Ele quer amá-lo com um amor perfeito, com o mesmo amor com que é amado. Todo crente verdadeiro pode se unir ao Pedro pós-negação e dizer: "Senhor, como eu gostaria de te amar do jeito que me amas, mas não consigo. Só consigo te amar do meu jeito, que, por certo, não é suficiente. Tu mereces muito mais."

Agora Pedro já tem tudo de que precisa para seguir seu Senhor. Ele está pronto para dar sua vida por Jesus apenas depois de reconhecer que, por si mesmo, não é capaz amá-lo a ponto de dar sua vida por ele. Quando Pedro disse: "Por ti darei a própria vida", ainda não estava pronto. Esse ato sacrificial só pode ser efetuado por quem constata que não tem condições de efetuá-lo por suas próprias forças. Só é capaz de morrer por Cristo quem sabe que, se depender das dimensões de seu amor por ele, o negará prontamente, sem pensar duas vezes.

Esse precioso texto bíblico nos dá uma excelente oportunidade para vasculharmos nosso coração e verificarmos o tamanho do amor que temos por Cristo. Se formos realistas, perceberemos, junto com Pedro, que, por mais que queiramos amá-lo de todo o coração, estamos muito aquém do que gostaríamos e do que ele merece. A nossa oração deve ser: "Senhor, não me deixes te seguir sem antes saber que não posso te seguir, que não posso te amar da maneira como me amas. Porém, tu sabes que quero te amar mais. Ajuda-me!"

CAPÍTULO 16

CESAREIA MARÍTIMA

קיסריה

JONAS MADUREIRA

Construído por Herodes, o Grande — o mesmo que tentou matar Jesus logo após seu nascimento (Mt 2.1-18) —, o teatro de Cesareia Marítima passou por inúmeras mudanças, reformas e reparos ao longo dos séculos, mas ainda continua em uso, constituindo um prestigioso espaço para artistas.

VEJA MAIS DO TEATRO
DE CESAREIA MARÍTIMA

CONTEXTO HISTÓRICO E GEOGRÁFICO DE CESAREIA MARÍTIMA

Cesareia Marítima teve um papel crucial durante a época bíblica, especialmente no Novo Testamento. Fundada por Herodes, o Grande, por volta de 25 a.C., a cidade foi nomeada em homenagem ao imperador romano César Augusto e construída como um importante porto e centro administrativo na província da Judeia. Durante esse período, Cesareia Marítima era o local onde os governadores romanos residiam e exerciam autoridade sobre a Judeia e áreas vizinhas.

No relato do Novo Testamento, Cesareia Marítima é mencionada em várias ocasiões. Primeiro, foi lá que ocorreu a conversão e batismo do centurião Cornélio e sua família (At 10) — os primeiros gentios a receberem o batismo como cristãos —, eventos que sinalizaram a abertura da família de Deus para todos os povos e etnias. Em segundo lugar, a cidade também testemunhou os julgamentos de Paulo perante os governadores romanos Públio Sulpício Félix e Pórcio Festo, entre 57 e 59 d.C., momentos que permitiram a defesa da fé cristã diante das autoridades do Império Romano e contribuíram para a divulgação do Evangelho (At 23 e 26).

Descobertas arqueológicas em Cesareia Marítima revelaram uma riqueza de detalhes sobre a vida na cidade durante os períodos romano e bizantino. Entre elas, estão os impressionantes vestígios do porto construído por Herodes, incluindo os molhes que se estendem até o Mar Mediterrâneo, bem como o magnífico palácio de Herodes, com suas salas decoradas e elaborados sistemas de água. Também foram encontrados, bem preservados, restos do anfiteatro romano, além de ruas e edifícios públicos da cidade, como banhos, templos e estruturas administrativas. Isso proporciona uma visão fascinante da vida social e cultural da época.

Uma das descobertas arqueológicas mais notáveis está ligada a Pôncio Pilatos. Em 1961, encontrou-se uma inscrição em pedra, conhecida como a "Inscrição de Pilatos". Ela foi achada durante escavações no teatro romano da cidade e faz referência ao nome de Pôncio Pilatos e seu título, *Praefectus Iudaeae*, isto é, "Prefeito da Judeia". Excetuados os relatos do Novo Testamento, é uma das poucas fontes históricas relacionadas à figura de Pôncio Pilatos.

Monumento que menciona "Pôncio Pilatos, prefeito da Judeia"

Aqueduto romano que levava água do sopé do Monte Carmelo até Cesareia

MEDITAÇÃO EM CESAREIA MARÍTIMA

CESAREIA MARÍTIMA

Mateus 28.18-20

¹⁸ Jesus, aproximando-se, falou-lhes, dizendo: Toda a autoridade me foi dada no céu e na terra. ¹⁹ Ide, portanto, fazei discípulos de todas as nações, batizando-os em nome do Pai, e do Filho, e do Espírito Santo; ²⁰ ensinando-os a guardar todas as coisas que vos tenho ordenado. E eis que estou convosco todos os dias até à consumação do século.

PARA SUA MEDITAÇÃO:

1 Coríntios 4.11-21; Efésios 5.1-21; Filipenses 3.17-21;
1 Tessalonicenses 1.6-10; Hebreus 13.1-7

Discipulado na Terra Santa

Devido à importância de Cesareia Marítima para a administração romana da província da Judeia, ela funcionava como a sede do governo de Pôncio Pilatos, o procurador que autorizou a crucificação de Jesus. Contudo, como bem sabemos, o nosso Salvador não foi vencido pela morte. Ao terceiro dia, ele ressuscitou e se dirigiu para a Galileia, para se encontrar com seus discípulos e lhes dar algumas instruções importantes antes que ascendesse aos céus.

A chamada Grande Comissão, o "Ide" de Jesus, é uma das passagens missiológicas mais conhecidas e mais importantes da Bíblia. Como vimos no capítulo anterior, as três principais regras da interpretação bíblica são: contexto, contexto e contexto. Portanto, não percamos de vista os versículos que precedem o trecho que lemos: "Seguiram os onze discípulos para a Galileia, para o monte que Jesus lhes designara. E, quando o viram, o adoraram; mas alguns duvidaram" (28.16-17). É a esse grupo composto por discípulos adoradores e duvidosos que Jesus profere a Grande Comissão.

DO GERAL PARA O PARTICULAR E DO PARTICULAR PARA O GERAL

Uma maneira útil e salutar de lermos a história da Bíblia é considerando o seu movimento do geral para o particular e, então, do particular para o geral. Os 11 primeiros capítulos da Bíblia tratam da humanidade como um todo e destacam a formação e corrupção de todos os povos. As Escrituras começam nos oferecendo uma visão panorâmica do mundo, de maneira que sejamos capazes de observar, ainda que sem muitos detalhes, todas as nações. Contudo, a partir de Gênesis 12, o enfoque narrativo das Escrituras se afunila e, até o fim do Antigo Testamento, passa a se concentrar em apenas uma dentre todas as famílias da terra — a família de Abraão, Isaque e Jacó, isto é, o povo de Israel.

Quando chegamos ao Novo Testamento e começamos a ler os evangelhos, percebemos que o enfoque narrativo é ainda mais reduzido. A câmera que, em Gênesis 1–11, nos deu uma visão panorâmica de todas as nações e que focalizou, a partir de Gênesis 12, uma delas, Israel, agora, nos evangelhos, busca um único membro do povo israelita, Jesus. Temos, assim, a oportunidade de acompanhar de perto o ministério do Filho de Deus entre os judeus.

No entanto, depois de se concentrar em apenas um indivíduo do povo de Israel, o foco é mais uma vez aberto e volta a abranger o povo judeu e, na sequência, todo o mundo. Assim, o movimento da história bíblica pode ser resumido da seguinte forma: do mundo para Israel, de Israel para Jesus, de Jesus para Israel, de Israel para o mundo. Jesus reúne seus discípulos judeus para espalhá-los por todas as nações, a fim de que o mundo todo ouça a Palavra de Deus. Esse grupo de descendentes biológicos dos patriarcas que Jesus reúne agora tem o compromisso de percorrer todas as nações e anunciar-lhes o Evangelho: "Ide, portanto, fazei discípulos de todas as nações".

DISCIPULADO COMO IMITAÇÃO

O meio pelo qual o povo de Deus prega o Evangelho em todas as nações é o discipulado, uma das marcas essenciais da igreja. O "fazei discípulos" é a finalidade do "ide". A importância do discipulado, no entanto, tem sido anuviada em razão de um entendimento inapropriado dessa prática. Embora "discipulado" seja uma das palavras que mais ouvimos em nossas igrejas, talvez seja uma das mais malcompreendidas, infelizmente.

Muitos imaginam que o discipulado é meramente uma técnica por meio da qual podemos fazer nossas igrejas crescerem. Discipulado, porém, é a apresentação de um modelo a ser imitado. O discípulo é fundamentalmente um imitador. Todos nós imitamos outras pessoas. A grande questão é: quem imitamos? Alguns, por exemplo, imitam a forma como celebridades se vestem, falam e se comportam. Entretanto, o discípulo cristão é aquele que imita Jesus Cristo. A igreja entendeu isso ao longo de sua história e, em muitas ocasiões, definiu o discipulado como *imitatio Christi*, ou seja, imitação de Cristo, a despeito da confusão moderna que muitos têm feito.

PASTORES COMO IMITADORES IMITÁVEIS

Essa imitação de Cristo só é possível por meio do testemunho apostólico registrado nas Escrituras. Esse testemunho é fundamental, uma vez que os apóstolos foram os primeiros imitadores diretos de Cristo. Paulo orientava as igrejas a imitarem tanto a Cristo (Ef 5.1; 1Ts 1.6) quanto a ele mesmo, que também era um imitador de Cristo (1Co. 11.1). Podemos e devemos imitar os que imitam Jesus, mas temos de nos acautelar com aqueles que, embora se apresentem como modelos a serem seguidos, não se parecem com Cristo. Somente quem imita Jesus é digno de ser imitado.

Já que esse é o caso, como podemos saber se uma pessoa realmente imita Jesus, a fim de que sigamos o modelo dela? Afinal, todo falso mestre se apresenta como alguém que se parece com Cristo. O critério para sabermos se uma pessoa realmente imita Jesus é um só: o testemunho apostólico. Seja anátema qualquer um que atribua a Jesus coisas que ele não falou ou fez. Devemos correr de pessoas que querem pregar um novo evangelho. O verdadeiro Evangelho é velho e se renova a cada dia exatamente por ser velho.

Antes de Jesus subir aos céus, não disse aos seus discípulos: "Os últimos três anos foram intensos e cansativos — em especial, as últimas semanas. Agora, preciso de um período sabático para descansar. Durante as minhas férias, deixarei a igreja nas mãos de presbíteros. Depois que eu aproveitar o meu descanso, voltarei, para que eles me devolvam o cuidado da igreja". Não foi isso que Jesus disse. A igreja sempre esteve, ainda está e sempre estará nas mãos dele. Em Apocalipse 1.12-13, Jesus é apresentado como aquele que passeia por entre as igrejas, seja em Éfeso, seja em Laodiceia — quer entre igrejas saudáveis, quer entre igrejas enfermas. Cristo governa sua igreja de perto.

Então, para que servem os presbíteros? A liderança da igreja não foi constituída para inventar novos ensinos ou para fabricar um novo Jesus. A única tarefa confiada aos pastores é que repitam constantemente o Evangelho, apresentando à igreja o Cristo que lhes foi apresentado nas Escrituras, por meio do testemunho dos apóstolos. Já que os pastores foram chamados para repetir uma palavra que não é sua, uma tentação frequente que lhes sobrevém é que busquem dar sua contribuição inovadora para a história que têm de proclamar.

Agradeça a Deus quando ouvir um pastor repetindo as mesmas antigas palavras dos apóstolos, porque essa é a única mensagem que nos salva e nos alimenta, a única que pode alcançar as nações. Como diria C. H. Spurgeon, o papel do pregador é abrir a jaula e deixar o leão fazer o resto. O leão, caso não tenha ficado claro, é o Evangelho. Cabe-nos apenas a tarefa de proclamá-lo com fidelidade. Não é preciso embelezá-lo, atualizá-lo ou modificá-lo. Só temos de anunciá-lo integralmente e observar a sua ação.

Oremos pelos pastores fiéis, pois eles têm encontrado cada vez mais dificuldades. Vivemos numa cultura que ama novidades e inovações. Os pastores, porém, devem amar o Evangelho, o bem supremo da igreja de Cristo. Uma igreja será bem cuidada não quando seus pastores a amarem acima de tudo, mas quando amarem o Evangelho acima de tudo — o Evangelho bíblico, o Evangelho apostólico, o Evangelho antigo.

CAPÍTULO 17
IGREJA DE CRISTO
כנסיית המשיח

FRANKLIN FERREIRA

Localizada na Cidade Velha de Jerusalém, a Igreja de Cristo, resultado do labor protestante, foi estabelecida na metade do século XIX com a intenção de evangelizar os judeus e ajudar aqueles que queriam se estabelecer na Terra Santa, concedendo-lhes abrigo.

VEJA MAIS DA
IGREJA DE CRISTO

CONTEXTO HISTÓRICO E GEOGRÁFICO DA IGREJA DE CRISTO

IGREJA DE CRISTO

A Igreja de Cristo em Jerusalém é uma das mais antigas da cidade, sendo a primeira igreja protestante estabelecida na região. Sua construção foi finalizada em 1849, durante o episcopado de Samuel Gobat, um missionário suíço reformado. O trabalho foi uma iniciativa da Sociedade de Londres para a Promoção do Cristianismo entre os Judeus, a qual, originalmente, era uma missão colaborativa da Igreja Anglicana, da Igreja Reformada da Suíça e da Igreja Luterana. Posteriormente, contudo, tornou-se uma missão exclusivamente anglicana e, em 1995, passou a se chamar Ministério da Igreja entre o Povo Judeu.

A Igreja de Cristo, quando de sua fundação, tinha como objetivo servir à comunidade protestante local e auxiliar nos esforços de evangelização dos judeus. Atualmente, sua congregação é majoritariamente composta por cristãos judeus que falam inglês, celebrando festividades tanto cristãs quanto judaicas.

Conhecida por sua arquitetura gótica com influências ocidentais, a Igreja de Cristo também abriga no seu interior, em destaque e à vista de todos, o Credo dos Apóstolos, a Oração do Senhor e os Dez Mandamentos — todos escritos em hebraico.

Assim como todas as sinagogas da cidade, a fachada da Igreja de Cristo se volta para o Monte do Templo. Localizado próxima à Torre de Davi e à Porta de Jaffa — uma entrada significativa para a Cidade Velha de Jerusalém —, esse edifício está perto de outros locais importantes para as tradições cristã e judaica, como a Igreja do Santo Sepulcro, o Muro das Lamentações e o Monte do Templo. Anexo a esta igreja, há um pequeno museu onde são preservadas importantes e valiosas maquetes de Jerusalém e do segundo Templo, construídas por Conrad Schick, em meados do século XIX.

Painel com o Credo dos Apóstolos, a Oração do Senhor e os Dez Mandamentos em hebraico na Igreja de Cristo

Interior da Igreja de Cristo

MEDITAÇÃO NA IGREJA DE CRISTO

IGREJA DE CRISTO

Romanos 11.17-29

¹⁷ Se, porém, alguns dos ramos foram quebrados, e tu, sendo oliveira brava, foste enxertado em meio deles e te tornaste participante da raiz e da seiva da oliveira, ¹⁸ não te glories contra os ramos; porém, se te gloriares, sabe que não és tu que sustentas a raiz, mas a raiz, a ti. ¹⁹ Dirás, pois: Alguns ramos foram quebrados, para que eu fosse enxertado. ²⁰ Bem! Pela sua incredulidade, foram quebrados; tu, porém, mediante a fé, estás firme. Não te ensoberbeças, mas teme. ²¹ Porque, se Deus não poupou os ramos naturais, também não te poupará. ²² Considerai, pois, a bondade e a severidade de Deus: para com os que caíram, severidade; mas, para contigo, a bondade de Deus, se nela permaneceres; doutra sorte, também tu serás cortado. ²³ Eles também, se não permanecerem na incredulidade, serão enxertados; pois Deus é poderoso para os enxertar de novo. ²⁴ Pois, se foste cortado da que, por natureza, era oliveira brava e, contra a natureza, enxertado em boa oliveira, quanto mais não serão enxertados na sua própria oliveira aqueles que são ramos naturais! ²⁵ Porque não quero, irmãos, que ignoreis este mistério (para que não sejais presumidos em vós mesmos): que veio endurecimento em parte a Israel, até que haja entrado a plenitude dos gentios. ²⁶ E, assim, todo o Israel será salvo, como está escrito: Virá de Sião o Libertador e ele apartará de Jacó as impiedades. ²⁷ Esta é a minha aliança com eles, quando eu tirar os seus pecados. ²⁸ Quanto ao evangelho, são eles inimigos por vossa causa; quanto, porém, à eleição, amados por causa dos patriarcas; ²⁹ porque os dons e a vocação de Deus são irrevogáveis.

PARA SUA MEDITAÇÃO:

Ezequiel 20.33-44; Zacarias 12.10-14; Lucas 13.34-35; Atos 1.6-8

Conversão na Terra Santa

Em 1842, a Igreja Anglicana — uma denominação que, como resultado das confusões amorosas de Henrique VIII, nasceu da Reforma Protestante — enviou um clérigo para Jerusalém. O nome dele era Michael Solomon Alexander, um rabino convertido à fé cristã. Esse missionário anglicano se tornaria o primeiro bispo protestante da cidade de Jerusalém e plantaria uma igreja na Cidade Santa, a Igreja de Cristo, embora não tenha sobrevivido para ver o término da construção.

Desde o início, essa igreja era formada por uma junção de tendências. Trata-se de uma igreja cristã que tem muito respeito e apreço pela tradição judaica. Encontramos nela tanto elementos cristãos quanto judaicos, bem como escritos em inglês e em hebraico. Como todas as sinagogas de Jerusalém, a fachada dela se acha voltada para a área do Templo, o que denota uma atitude de respeito da igreja para com a cultura que a cerca.

Plantada num período conhecido como o século das grandes missões protestantes, a Igreja de Cristo sempre foi norteada por alguns objetivos específicos. Em primeiro lugar, a missão dela era apoiar o retorno para a Terra de Israel (em particular, Jerusalém) de judeus que estavam expatriados e espalhados pelo mundo. Por isso, ao lado do refeitório da igreja, há quartos que são muito acessíveis (até mesmo mochileiros podem se hospedar ali), mas que foram originalmente pensados para abrigar judeus, principalmente do leste europeu, que eram muito pobres naquela época. Esses judeus podiam ficar hospedados na igreja, onde recebiam abrigo, comida e apoio em sua mudança para a Terra de Israel. O segundo objetivo pelo qual essa igreja foi fundada era a evangelização de judeus, tanto dos retornantes, que eram abrigados e cuidados, quanto dos que já haviam se estabelecido na cidade.

O ENSINO PROTESTANTE SOBRE OS JUDEUS

Um ponto de união entre anglicanos, presbiterianos, batistas e luteranos, nos séculos XVIII e XIX, era a crença de que os judeus voltariam para a Terra de Israel, assim como de que haveria uma conversão massiva de judeus antes da vinda do nosso Senhor Jesus. Essas crenças foram comuns aos protestantes muito antes de os judeus voltarem à Terra Santa ou mesmo antes de articularem uma justificativa para seu retorno. Prova dessa crença compartilhada pelos antigos protestantes é que outras duas igrejas ajudaram a fundar o trabalho anglicano na Terra Santa: a Igreja Reformada da Suíça (à qual pertencia o segundo bispo da Igreja de Cristo em Jerusalém, Samuel Gobat) e a Igreja Evangélica Unida da Prússia, que era luterana. O próprio kaiser alemão Guilherme I e a rainha britânica Vitória financiaram a construção desse templo.

Contudo, o desdobramento da história não é tão bonito. A ruptura com a expectativa de que os judeus retornariam para Israel e se converteriam em massa, sinalizando, assim, a volta de Cristo — crença que dominou a igreja cristã por 300 anos —, é um fato lamentável na história do pensamento protestante. Em decorrência das mudanças ocorridas na Igreja Anglicana, que se abriu para as abordagens críticas e liberais da teologia alemã, a Igreja de Cristo deixou de ser a mais importante igreja na região. Em 1899, fundou-se uma nova igreja ao lado da Tumba do Jardim — a Catedral de São Jorge, que se tornou a sede da Igreja Episcopal em Jerusalém e no Oriente Médio. Hoje, apesar de a Igreja de Cristo permanecer anglicana, não é mais ligada à Diocese do Oriente Médio, mas diretamente à Catedral da Cantuária, na Inglaterra. Talvez a principal razão seja que, infelizmente, vários clérigos da Igreja Anglicana aderiram ao antissemitismo.

O ENSINO DE PAULO SOBRE OS JUDEUS

O texto de Romanos 11 tem muito a ver com a Igreja de Cristo. Em sua nave, podemos ver uma bela oliveira esculpida, reminiscência da imagem da qual Paulo lança mão em Romanos 11. A Epístola aos Romanos é o escrito mais importante da história e é a mais completa apresentação do Evangelho de Deus, da ligação entre o Antigo e o Novo Testamento, bem como da definição do povo que Deus está formando desde o início da História da Salvação até o presente.

Essa preciosa carta nos ensina que todos somos pecadores e que nossos pecados se originam em Adão, mas também ensina que Deus enviou seu Filho para nos justificar, redimir e reconciliar por meio de sua morte na cruz (Rm 1–5). Paulo também discute a importância e utilidade da Lei de Deus para os que estão em Cristo e discorre acerca de nossa nova vida no Espírito, a qual vivemos em santidade e em submissão a Deus (Rm 6–8). Quando o escritor diz, em Romanos 10.4, que Cristo é o fim da Lei, não quer salientar que, com a manifestação do Messias, a Lei foi ab-rogada, mas que Jesus é a finalidade e cumprimento da Lei.

Na sequência, o apóstolo aborda a questão da importância dos judeus como povo de Deus (Rm 9–11). Será que, com a vinda de Cristo, os judeus não possuem mais valor? Deus está formando um novo povo? "De modo nenhum!", Paulo responde enfaticamente (Rm 11.1). Em Romanos 9.3, empregando uma linguagem muito forte, o escritor chega a expressar a sua disposição de trocar sua salvação e lugar na eternidade pela vida do povo judeu, caso essa permuta fosse possível. Ele preferiria ser um galho arrancado da oliveira de Deus a ver os seus compatriotas desligados dela.

Esse é o contexto de Romanos 11.17-29, texto que lemos acima. Na economia divina, de uma maneira que nos escandaliza e choca, os judeus, o povo da aliança e das promessas, foram endurecidos por Deus e, por consequência, arrancados da oliveira divina, para que nós, gentios, fôssemos enxertados nela. Porém, o plano eterno de Deus também prevê que, um dia, o número de gentios salvos estará completo. Nesse momento, os judeus, outrora endurecidos, serão conduzidos à fé no Messias e, assim, serão enxertados de volta nessa única oliveira, plantada pelo único Deus vivo e verdadeiro, Senhor de um único povo.

ENSINOS ERRADOS SOBRE OS JUDEUS

De tudo o que falamos até aqui durante nossa jornada em Israel, um ponto precisa ficar muito bem estabelecido: quando lemos as Escrituras, não podemos imaginar que Deus tenha plantado duas oliveiras diferentes, Israel e a Igreja. Essa ideia surgiu há 200 anos, na Irlanda do Norte. Até então, nenhum pensador relevante tinha defendido que Deus possuísse dois povos. Conhecida como dispensacionalismo, essa teologia se tornou muito popular, sobretudo nos Estados Unidos e em países influenciados por missões norte-americanas.

Contudo, um ensino ainda mais nocivo foi o de pensadores católicos na Idade Média, também defendido por Martinho Lutero. Deus supostamente teria plantado uma oliveira, Israel, e cuidado dela por um tempo. Todavia, por ela não dar frutos dignos, Deus a teria arrancado e plantado outra em seu lugar, a Igreja. Eu mesmo já defendi essa ideia no passado, mas, ao reler com cuidado Romanos 11, percebi que essa visão, conhecida como supersessionismo, não é viável.

O ENSINO CORRETO SOBRE OS JUDEUS

O ensino uniforme das Escrituras é que existe uma única e frondosa oliveira, Israel. Ela foi podada por Deus, que arrancou alguns de seus galhos naturais (judeus) e enxertou nela outros ramos (gentios), a fim de que continuasse a crescer. Entretanto, Deus é zeloso e vela pela aliança que firmou com Israel. Ele tornará a enxertar em sua única oliveira os galhos naturais que havia arrancado. "E, assim, todo o Israel será salvo" (Rm 11.26).

Precisamos dar graças a Deus pelos judeus, tê-los em grande estima e trabalhar em prol deles. Afinal, nós "lhes [somos] devedores; porque, se os gentios têm sido participantes dos valores espirituais dos judeus, devem também servi-los com bens materiais" (15.27). Nós, gentios, fomos enxertados numa oliveira judaica. A saborosa seiva que nos alimenta é uma iguaria judaica. Não faz sentido, portanto, que nos comportemos de forma arrogante para com os judeus, como se os tivéssemos substituído no plano divino. "Deus não rejeitou o seu povo, a quem de antemão conheceu" (Rm 11.2).

Com base nessas constatações, devemos firmar o compromisso de conhecer o Antigo Testamento com mais profundidade e entender melhor a forma como o Novo Testamento emprega o Antigo. Além disso, temos de orar por Israel e pelos judeus. Talvez Deus levante missionários entre nós para pregarem o Evangelho em Israel. Não percamos de vista que os judeus são o alvo primeiro do Evangelho, como Paulo diz em Romanos 1.16: "Pois não me envergonho do evangelho, porque é o poder de Deus para a salvação de todo aquele que crê, *primeiro do judeu* e também do grego" (ênfase acrescentada).

Há 200 anos, como nos lembra a Igreja de Cristo, esse interesse amoroso pelos judeus era um ponto comum nas tradições protestantes. Nossos antepassados na fé amavam os judeus, apoiavam sua volta para Israel, cooperavam com missões aos judeus e esperavam uma grande conversão de judeus ao único Messias antes do fim, como sinal certo e seguro de que a vinda vitoriosa do Senhor Jesus estava próxima. Que recuperemos a visão bíblica dos que nos precederam e sigamos as suas pisadas.

CAPÍTULO 18

MEGIDO

מגידו

JONAS MADUREIRA

O Parque Nacional de Tel Megido é um sítio arqueológico que comporta importantes escavações na conhecida cidade bíblica de Megido. Este é o local do último conflito da história, a batalha de Armagedom (Ap 16.13-16).

VEJA MAIS DO PARQUE
NACIONAL DE TEL MEGIDO

CONTEXTO HISTÓRICO E GEOGRÁFICO DE MEGIDO

Megido, também conhecida como Tel Megido ou Armagedom, é um lugar de significativa importância na Bíblia. A cidade é mencionada em diversos eventos históricos e proféticos. Estrategicamente posicionada ao longo da rota comercial e militar que ligava o Egito ao Império Assírio, Megido foi cenário de inúmeras batalhas ao longo da narrativa bíblica. Durante o reinado de Salomão, a cidade foi fortificada como parte de seus projetos de construção (1Rs 9.15) e, sob o reinado de Acabe, testemunhou uma grande batalha contra os sírios, a qual resultou na morte do próprio rei (1Rs 22).

O termo "Armagedom" é uma adaptação da expressão hebraica *har məgiddô* (הר מגידו), que significa "Monte de Megido". No Livro do Apocalipse, esse é o local descrito como o palco da derradeira batalha entre as forças do bem e do mal (Ap 16.13-16), de maneira que o plano redentivo de Deus para o seu povo seja levado a cabo.

As escavações em Megido revelaram uma série abrangente de descobertas arqueológicas. Entre elas, estão as ruínas de diversas e milenares camadas de ocupação, ressaltando a relevância da cidade como núcleo urbano na região. Adicionalmente, foram encontrados os antigos portões fortificados da cidade, túneis e poços que compunham um complexo sistema hídrico, palácios, templos e até mesmo uma biblioteca real que continha tabuletas de argila com inscrições cuneiformes. Também foram encontradas estruturas militares, como estábulos e espaços para abrigar a cavalaria, o que destaca a relevância estratégica de Megido como um centro militar na área, já que a cavalaria tinha uma função essencial nas operações militares.

Portão de Megido provavelmente construído por Salomão (1Rs 9.15)

Estábulos de Megido, que podem pertencer ao período de Salomão ou de Acabe

MEDITAÇÃO EM MEGIDO

MEGIDO

Apocalipse 16.13-16

¹³ Então, vi sair da boca do dragão, da boca da besta e da boca do falso profeta três espíritos imundos semelhantes a rãs; ¹⁴ porque eles são espíritos de demônios, operadores de sinais, e se dirigem aos reis do mundo inteiro com o fim de ajuntá-los para a peleja do grande Dia do Deus Todo-Poderoso. ¹⁵ (Eis que venho como vem o ladrão. Bem-aventurado aquele que vigia e guarda as suas vestes, para que não ande nu, e não se veja a sua vergonha.) ¹⁶ Então, os ajuntaram no lugar que em hebraico se chama Armagedom.

PARA SUA MEDITAÇÃO:

Gênesis 3.1-13; Zacarias 3.1-10; Efésios 6.10-20; 1 Pedro 5.8-11; Apocalipse 12.7-17

Armagedom na Terra Santa

O Evangelho não nos conta apenas da vitória de Cristo, mas das batalhas que antecedem e sucedem a vitória da cruz. Em outras palavras, o Evangelho nos fala de uma vitória contra uma serpente no Jardim e sobre um dragão no grande Dia do Deus Todo-Poderoso. Permita-me, porém, dizer algumas palavras antes de me referir às batalhas que antecedem e sucedem a cruz.

SERES *LOCALIS* E SERES *ILOCALIS*

A casa em que vivemos revela muito a nosso respeito. Os símbolos religiosos espalhados pela nossa residência podem até revelar a teologia que professamos. Uma Bíblia aberta no Salmo 91, por exemplo, é um grande indício da tradição religiosa à qual pertencemos. Itens fora do lugar e espalhados por toda a casa revelam que somos bagunceiros, ao passo que um ambiente organizado e ajeitado indica que somos ordeiros.

Os arqueólogos nos têm demonstrado que lugares são uma extensão da identidade das pessoas que passaram por eles. Lugares são grandes contadores de histórias. Até mesmo uma simples pedra pode declarar uma memorável epopeia. É impossível desconectar a história de um povo ou mesmo de um indivíduo do lugar onde ela se passou.

Deus não nos criou num vácuo. Ele nos colocou num lugar. Somos dotados de uma natureza localizada. Os medievais faziam uma distinção entre seres *localis* e seres *ilocalis*. Os *ilocalis* são apenas Deus e os anjos; todos os demais seres são *localis*. Assim, já que Deus não nos fez como seres desprovidos de lugar, nunca seremos capazes de sair de uma bolha. Quando temos a impressão de que deixamos nossa bolha, entramos instantaneamente em outra. Sempre estamos em algum lugar. Dentre os seres criados, apenas os anjos são *ilocalis*. Todo o resto da criação está situada em algum lugar, dentro de uma bolha.

A LIGAÇÃO DO HOMEM COM A TERRA DESDE A CRIAÇÃO

Quando Deus criou os céus e a terra, a terra estava *tōhû wāḇōhû* (תהו ובהו), expressão hebraica que normalmente traduzimos como "sem forma e vazia". O que o texto original denota, porém, é um lugar desordenado — não bagunçado, mas inabitável. A terra não estava pronta para receber seres humanos, que são *localis*. Os dois termos contidos nessa expressão, *tōhû* (תהו) e *bōhû* (בהו), são usados conjuntamente outras duas vezes no Antigo Testamento (Is 34.11; Jr 4.23) e indicam lugares inóspitos, locais em que seres humanos não podem viver. É necessário organizar e ajeitar o espaço que está *tōhû wāḇōhû* antes que possa ser habitado. É isso que Deus fez com a terra em Gênesis 1. Ele a tornou um lugar habitável para nós.

Uma percepção valiosa é que Deus não colocou Adão e Eva no Éden, mas num jardim que plantou nessa região (Gn 2.8). Esse jardim era, portanto, uma casa que o próprio Deus ordenou e organizou para nele morar junto com a humanidade. E, como casas revelam muito sobre os que nela vivem, o Jardim do Éden diz muito sobre Deus. A exuberância, beleza, abundância e riqueza do lugar são sinais eloquentes que nos contam quem é o Deus que nele vive.

É espúria a ideia de que Deus criou um mundo neutro, que o homem devia organizar segundo seus padrões e gostos. Quando o homem entra em cena, o Jardineiro, já tendo deixado tudo em ordem, simplesmente lhe diz: "Este lugar deslumbrante será sua casa". E esse não foi apenas o caso de Adão. Deus também nos fez como seres ligados à terra. Por isso, nunca estamos fora de lugar, deslocados. Somos, em essência, desde a Criação, seres localizados e situados.

A nossa história está indissociavelmente unida à terra em que vivemos. Quando Deus nos salva, não nos salva — como no cinema mazzaropiano — para vivermos numa esfera etérea, sem um lugar, sem um chão para pisarmos, todos com vestes brancas flutuando num infinito eterno. Por certo, a esperança cristã não é que, na eternidade, nos tornemos seres *ilocalis*, à semelhança dos anjos. A habitação celestial que Deus preparou para nós é um local real. Em João 14.2, por exemplo, Jesus disse que estava prestes a voltar para a casa do Pai, onde "há muitas moradas". Ele nos precederia justamente para nos preparar um lugar na maior e mais extraordinária das casas, a habitação do próprio Deus.

A VIDA FORA DO JARDIM DO ÉDEN

Quando não somos bons inquilinos, somos despejados. Foi isso que aconteceu com os nossos primeiros pais. Após se rebelarem contra a ordem daquele que os acolhera em sua habitação, Adão, Eva e, por extensão, toda a humanidade que procederia deles foram expulsos do jardim que Deus havia organizado para nós. Uma vez expulsos, o que conhecemos fora do Jardim do Éden é a desordem.

Todavia, mesmo em meio a essa desordem, descobrimos que Deus nos tirou do jardim, mas não tirou o jardim de nós. Esse jardim interno se exterioriza nas cidades que construímos. Sempre que organizamos um espaço, tornando-o apto a nos receber da maneira mais cômoda possível, patenteamos o nosso anseio por reconquistar a paz do Jardim do Éden. Essa paz é a ausência de guerra, de tensão e, mais fundamentalmente, de desordem.

Fora do jardim de Deus, esforçamo-nos para construir nosso próprio jardim, mantendo, porém, a paz do jardim original. Assim, erigimos muralhas e condomínios fechados; fabricamos armas e as mantemos sempre a nosso alcance; contratamos vigias e seguranças. Fazemos tudo isso para emular o Jardim do Éden, de modo que reconquistemos a paz que perdemos ao sermos expulsos dele.

Essa paz pela qual aspiramos e trabalhamos, no entanto, é inatingível fora de nossa habitação original. A mesma serpente que acarretou a Queda está fora do jardim conosco, acrescentando drama à História da Redenção. Segundo Herman Bavinck (1854–1921), o problema do mal é a cruz mais pesada que temos de carregar até o fim de nossas vidas, pois não sabemos explicar de onde veio a serpente, por que ela estava no Jardim de Deus e por que ainda está no mundo. Dessa forma, há uma tensão na História da Redenção que não pode ser ignorada. Não obstante o número de vezes que, em busca de paz, nos mudemos, a perturbação é uma constante em nossa experiência, visto que a serpente que tentou Eva dentro do jardim acompanhou a humanidade em seu exílio.

DUAS FRENTES DE BATALHA

Temos dois lugares: habitamos numa terra e habitamos em nosso coração. Precisamos combater em duas frentes de batalha — uma, externa; a outra, interna. Batalhamos pela sobrevivência da nossa vida física e da nossa alma. Somos tentados onde quer que estejamos — seja no Jardim do Éden, como foi o caso de Eva; seja no deserto da Judéia, como se deu com Jesus; seja até mesmo aqui em Megido, onde ocorreram inúmeras batalhas ao longo dos séculos e onde se dará o último conflito da história. Essa guerra final dará fim a todas as lutas, visto que acabará com aquele que introduziu o caos no Reino de Deus, a saber, o Diabo. Ele é nosso inimigo e batalha contra nós desde o princípio, mas será vencido no fim. No presente, porém, ainda temos de enfrentar as nossas lutas externas e internas. Tudo o que encontramos entre a primeira batalha, que foi travada no Jardim do Éden, e o último conflito, que ocorrerá em Megido, é a tensão.

Essa tensão é, em primeiro lugar, o nosso conflito com o próprio Deus. Contudo, nessa nossa batalha com Deus, como famosamente disse Sören Kierkegaard (1813–1855), só vencemos quando perdemos. Ao sermos sobrepujados por Deus, descobrimos, como Jacó, a maior das vitórias. As Escrituras dizem que a guerra entre nós e Deus teve fim — não apenas a nossa luta contra ele, mas também a luta dele contra nós. Além da nossa revolta contra ele, ele também estava irado contra nós. A guerra não era unilateral. Entretanto, esse conflito chegou ao fim, como Romanos 5.1 expressa: "Justificados, pois, mediante a fé, temos paz com Deus por meio de nosso Senhor Jesus Cristo".

O estado de guerra que marcava o nosso relacionamento com Deus foi definitivamente apaziguado na cruz de nosso Senhor Jesus. Ali foi desferido o último e mais duro golpe desse conflito, o último gesto violento e iracundo de Deus. Ele derramou toda a potência de sua santa ira sobre seu próprio Filho, Jesus, nosso representante. Cristo se ofereceu voluntariamente para ser alvo das flechas pelas quais nós merecíamos ser atingidos. Por isso, "temos paz com Deus", como diz Paulo.

Assim, não podemos dizer que uma situação financeira ruim, uma enfermidade ou uma perseguição que enfrentemos seja punição por algum pecado que tenhamos cometido, como se Deus estivesse com raiva de nós. A paz que temos com Deus é completa porque flui da cruz, onde a ira dele foi totalmente satisfeita, de uma vez por todas. Jesus, ao atrair sobre si a ira do Pai, fez cessar definitivamente a guerra que se estendia desde a Queda e que culminaria na nossa morte eterna.

Porém, se a nossa luta contra Deus cessou, a luta do Diabo contra ele continua. Tenha em mente, no entanto, que essa luta não é maniqueísta. Não se trata de dois deuses igualmente poderosos que, um dia, se encontrarão em Megido para medir forças, cada um com as mesmas chances de vitória, enquanto nós, ansiosos, aguardaremos o resultado dessa batalha final. Não, a vitória na batalha final já é de Deus. Ninguém tem condições de prevalecer contra o único Deus verdadeiro, o Todo-Poderoso.

A última e definitiva batalha que Deus travará com Satanás tem a ver com o lugar que ele preparou para nós e que, por causa da ação ardilosa da serpente, foi corrompido. Ao derrotar o Diabo, o mundo que ele criou para nós poderá ser finalmente restaurado. Deus não nos tirará de um planeta e nos transportará para outro, nem aniquilará a Terra e nos transportará para as nuvens. O que ele fará será redimir o local que meticulosamente formou para nós. A criação de Deus será totalmente redimida e restaurada. Uma vez aperfeiçoada, será entregue aos filhos de Deus, para seu desfrute, alegria e paz.

UMA GUERRA FUTURA E UMA GUERRA PRESENTE

Assim, temos duas notícias. A primeira é boa, mas a segunda é ruim. A boa notícia é que temos paz com Deus. Se você, que já está em Jesus, anda aflito, imaginando que Deus está em campanha militar contra você, está apreensivo à toa. Ele está em paz com todos os que estão unidos a Jesus pela fé. Cada um de nossos pecados foi coberto pelo sangue de Cristo e jamais será cobrado de nós. O preço já foi totalmente pago por Jesus. Deus não cobra mais nada de nenhum daqueles que recebeu em sua família.

A notícia ruim é que a nossa guerra contra Satanás continua. Essa luta não é pela terra, e sim pelo nosso coração. O Diabo quer roubar o nosso coração, que foi criado para amar a Deus, e introduzir nele novos amores. Ele quer nos desviar daquele para quem existimos, levando-nos à rebeldia e desobediência. Ao conquistar o nosso coração, esse nosso inimigo, que nos odeia, quer garantir que também sejamos alvos da ira que Deus, no último dia, derramará sobre todo aquele que não está escondido debaixo das asas de Jesus Cristo. A guerra é real, e não podemos deixar de participar dela.

Megido é um lugar que nos faz perceber que o mundo no qual vivemos não é um lugar de paz. A guerra só acabará definitivamente na batalha de

Armagedom. Por isso, todas as vezes em que ouvimos sobre guerras e rumores de guerras, sobre povos que se digladiam por território, devemos ter ciência de que a batalha final ainda não chegou. O conflito derradeiro e decisivo ainda está por vir e acabará com todas as demais guerras para sempre. Entretanto, embora essa última batalha, que será travada em Megido, já tenha seu resultado definido, a luta de Satanás pelos nossos corações continua feroz e violenta. Deus prova nosso amor por ele, enquanto Satanás nos tenta a deixar de amar o nosso Criador. O nosso coração está em jogo.

A provação e a tentação não podem ser separadas. São duas faces da mesma moeda. Toda provação em que somos aprovados é uma tentação que vencemos, e, inversamente, toda tentação em que caímos é uma provação na qual falhamos. Todas as vezes em que somos provados por Deus, somos tentados pelo Diabo, assim como, sempre que somos tentados pelo Diabo, somos provados por Deus. Ao obedecermos a Deus, automaticamente desobedecemos a Satanás; da mesma forma, sempre que nos submetemos a Satanás, estamos em rebeldia contra o Senhor. A guerra na qual estamos engajados no presente deve ser marcada pela submissão a Deus e resistência ao Diabo. Somente assim a batalha que será travada em Megido no futuro será um alívio para nós. Caso contrário, o Armagedom nos fará cair nas mãos de um Deus irado.

CAPÍTULO 19

JOPE

יפו

JONAS MADUREIRA

O porto localizado na Antiga Jaffa esteve em atividade por milhares de anos. Foi daqui que o profeta Jonas entrou numa embarcação com destino a Társis, a fim de fugir do comissionamento divino (Jn 1.1-3).

VEJA MAIS DO
PORTO DE JAFFA

CONTEXTO HISTÓRICO E GEOGRÁFICO DE JOPE

JOPE

Jope, também conhecida como Jaffa, desempenha um papel significativo na Bíblia, devido à sua localização estratégica às margens do Mar Mediterrâneo. Sua posição costeira a tornava um porto essencial para as atividades comerciais e marítimas na região, facilitando o comércio e a comunicação com outras áreas ao redor do Mediterrâneo.

A cidade é mencionada em várias passagens do Antigo Testamento, especialmente na história de Jonas, o profeta, que foi instruído a pregar em Nínive e tentou escapar da vontade de Deus, dirigindo-se para Jope e embarcando lá em um navio com destino a Társis (Jn 1.1-3). Jope também está ligada a outro profeta, Elias, que realizou milagres na cidade, incluindo a ressurreição do filho de uma viúva (1Rs 17.17-24). No Novo Testamento, Jope é o local onde Pedro teve uma visão que resultou na conversão de Cornélio, um centurião romano que estava aquartelado em Cesareia Marítima (At 9.43–10.20).

Ao longo dos anos, foram feitas descobertas arqueológicas significantes em Jope. Entre elas, estão os vestígios de um antigo porto construído há sete mil anos, o que fornece informações sobre a atividade marítima e comercial na cidade. Além disso, foram encontradas evidências de antigas muralhas e fortificações, indicando a importância estratégica de Jope como ponto de defesa e controle. Durante as escavações, diversos objetos, como cerâmica, moedas, joias e ferramentas, foram desenterrados, auxiliando os arqueólogos na reconstrução da cultura material e dos costumes cotidianos dos antigos habitantes de Jope. Estruturas relacionadas à atividade portuária, como armazéns e docas, também foram descobertas. Jope era, de fato, um centro de comércio marítimo na antiguidade.

Jope é mencionada em uma carta do Antigo Egito datada de 1440 a.C. Estelas egípcias foram achadas na cidade, consistindo em inscrições ou placas de pedra com textos entalhados. Esses monumentos documentavam eventos históricos, oferendas religiosas ou ordens emitidas por líderes egípcios. As estelas egípcias podem ser atribuídas a diferentes dinastias do Egito Antigo — como a 18ª (à qual pertenciam faraós como Hatshepsut, Tutancâmon e Amenófis III), a 19ª (ligada a Ramsés II) e a 26ª (a dinastia saíta). Essas estelas indicam influências culturais mútuas, trocas comerciais e possíveis alianças políticas entre Jope e o Egito ao longo dos séculos. A cidade esteve sob domínio egípcio até por volta de 1200 a.C.

Réplica de um portão egípcio em Jaffa (século XIII a.C.) que trazia títulos do faraó Ramsés II

Restos de templos filisteus (séculos XII–XI a.C.) encontrados no sítio arqueológico de Tel Qasile, na área de Jaffa

MEDITAÇÃO EM JOPE

Atos 10.9-16

⁹ No dia seguinte, indo eles de caminho e estando já perto da cidade, subiu Pedro ao eirado, por volta da hora sexta, a fim de orar. ¹⁰ Estando com fome, quis comer; mas, enquanto lhe preparavam a comida, sobreveio-lhe um êxtase; ¹¹ então, viu o céu aberto e descendo um objeto como se fosse um grande lençol, o qual era baixado à terra pelas quatro pontas, ¹² contendo toda sorte de quadrúpedes, répteis da terra e aves do céu. ¹³ E ouviu-se uma voz que se dirigia a ele: Levanta-te, Pedro! Mata e come. ¹⁴ Mas Pedro replicou: De modo nenhum, Senhor! Porque jamais comi coisa alguma comum e imunda. ¹⁵ Segunda vez, a voz lhe falou: Ao que Deus purificou não consideres comum. ¹⁶ Sucedeu isto por três vezes, e, logo, aquele objeto foi recolhido ao céu.

PARA SUA MEDITAÇÃO:

1 Coríntios 5.6-13; 1 Tessalonicenses 4.1-8; Hebreus 12.3-17; Tiago 4.4-10

Pureza na Terra Santa

Desde a introdução desta obra, isto é, desde o início de nossa peregrinação pela Terra Santa, a tese que declaramos explicitamente e que, implicitamente, se acha na base de cada reflexão que fizemos é a de que lugares falam. Todos os locais pelos quais passamos e todas as pedras com as quais nos deparamos são eloquentes contadores de histórias.

Jope, nosso último ponto de parada, nos conta a história do dia em que Deus revelou ao apóstolo Pedro que o Evangelho de Jesus Cristo não era destinado apenas ao povo judeu, mas também aos gentios. Foi aqui, em Jope, que Deus mostrou para Pedro que os discípulos haviam recebido o poder do Espírito Santo não apenas para dar testemunho em Jerusalém e na Judeia, mas também em Samaria e até os confins da terra (At 1.8).

O SOLO SAGRADO DA NOSSA CASA

Este livro teve a intenção de transportá-lo, leitor, para a Terra Santa, a fim de que você, juntamente conosco, pudesse ouvir as histórias contadas pelos locais e pelas pedras de Israel. Contudo, tendo chegado ao fim desta obra, você deixará o solo sagrado de Israel e voltará para o solo sagrado de sua própria vida. O mesmo Deus de quem a Terra Santa dá testemunho é o Deus de sua vida. O mesmo Deus que santificou os israelitas que viviam em Jerusalém também santificou os gentios que viviam nas mais remotas terras, como ele ensinou a Pedro na visão registrada acima.

Antes, porém, de deixar a Terra Santa, dê mais uma olhada à sua volta. Você está em Jope. Esse lugar nos conta que, quer seja judeu, quer seja gentio, você é santo, a sua vida é santa, a sua casa é santa, a sua família é santa. Todo aquele que crê em Jesus, independentemente de sua procedência étnica e do local onde viva, é um santo filho de Deus. Foi exatamente assim que Pedro interpretou a visão que recebeu: "em qualquer nação, aquele que o teme e faz o que é justo lhe é aceitável" (At 10.35).

E, já que você, mesmo sendo naturalmente impuro, foi santificado pelo sangue de Cristo, esforce-se para que a sua casa seja um depósito de memórias santas, as quais possam ser acessadas por qualquer um que passar pela sua porta. Não permita que maldade alguma entre na sua casa. Lembre-se de que as pedras clamam, as paredes falam. Qual testemunho a sua casa dará a seu respeito no último dia? O que as relíquias que você guarda em sua casa revelarão sobre você? O que há por debaixo de sua cama, o que há em suas estantes de livros, quais são as roupas que estão guardadas em suas gavetas? O que o local que você construiu contará sobre você no Dia do Senhor?

A HISTÓRIA SAGRADA DA NOSSA VIDA

Além disso, Jope narra para nós um movimento importantíssimo na História da Redenção. Deus santificou os gentios e os recebeu em sua família. Não imagine, entretanto, que Deus tenha santificado uma massa impessoal. Quando Deus revelou para Pedro exatamente aqui que não se deve considerar comum aquele que ele purificou, estava falando de mim, de você e de todo outro filho que ele adotou e recebeu em sua casa. Ele tinha em mente indivíduos que têm rosto, e não um agrupamento sem identidade. Em outras palavras, você faz parte da História da Redenção. Essa não é uma história que apenas envolve os personagens bíblicos e que nada tem a ver com a sua vida. Pelo contrário, ela abrange a totalidade da história, incluindo a minha e a sua história.

A História da Redenção, cujo magnífico enredo, que nenhum ser humano seria capaz de conceber, Deus tem tecido ao longo das eras, envolve a sua história particular. É à luz dela e em referência a ela que o seu papel na vida é definido. Você é um personagem dessa história, um personagem que, segundo a Palavra de Deus, foi purificado ao depositar sua fé em Jesus. Portanto, a sua história não consiste apenas em: "eu nasci em tal lugar, moro em tal lugar, faço tal curso..." Você faz parte de uma história muito maior, uma história que começou no Éden, passou pelo Gólgota e terá o seu desfecho na Nova Jerusalém. O que aconteceu no Éden, o que sucedeu no Gólgota e o que se dará Nova Jerusalém tem a ver com a sua vida.

Muito antes de a sua vida ter início em sua concepção, muito antes de a sua nova vida ter início em sua regeneração, Deus já trabalhava em seu benefício. Ele o incluiu no enredo da história que escreveu e lhe concedeu um papel: o de antagonista que foi perdoado e, então, se tornou amigo do Protagonista, Jesus Cristo, sendo por ele purificado de seus pecados e rebeldias passadas. Viva, portanto, como alguém que realmente está do lado do Herói da história, e não como alguém que, com falsidade e lisonjas, se aproxima dele, mas o trai pelas costas.

Você não foi chamado por Deus para construir uma história de vida marcante e que será recontada por mil gerações. Você foi chamado por Deus para viver a história que ele mesmo já escreveu, a História da Redenção. É em relação a ela que você deve se definir e é com base nela que você deve encontrar o significado de sua vida. O que Jope nos ensina é o mesmo que ensinou a Pedro: somos pessoas imundas que foram purificadas pela graça de Deus. Antes de deixar Jope, lembre-se de quem você é: alguém que foi purificado. Livre-se, então, de toda impureza de sua vida.

CONCLUSÃO

FRANKLIN FERREIRA E JONAS MADUREIRA

CONCLUSÃO

Toda jornada neste mundo termina. Nossa jornada por Israel não é diferente. Entre informações teológicas e meditações pastorais, tentamos conduzir nossos leitores pelos lugares por onde o Senhor Jesus passou, com o firme propósito de ensinar e edificar por meio das Escrituras e das histórias que a Terra Santa nos contou quando lá estivemos.

Não são poucos os que peregrinam em Israel para alcançar os mais diversos fins. A Terra Santa não é um lugar mágico, mas é um lugar encantador. Porém, seu encanto se deve tão somente por ter sido o lugar que Deus escolheu para ali revelar ao mundo, por meio de Israel, o Messias esperado.

Desde a época dos Pais da Igreja, peregrinos têm viajado a Israel para ler "o quinto evangelho". Viajar para Israel, no entanto, deveria ser muito mais do que lembrar fatos, tirar fotos, aprender datas ou caminhar em meio a ruínas arqueológicas. A própria terra tem um caráter santo. Claro, é inteiramente possível perder de vista a presença de Deus nesse local, estar muito cansado para percebê-la ou muito distraído para ouvi-la. Isso pode acontecer.

Contudo, os eventos descritos nas Escrituras não foram escritos para satisfazer nossa curiosidade histórica, mas para guiar nossa formação espiritual, doutrinal e ética. As narrativas bíblicas nos convidam a ser participantes delas, não meros observadores. Quando a terra e o texto são integrados, é como se a Escritura ganhasse uma terceira dimensão. A Escritura sem a terra é um tanto monocromática, ao passo que a terra sem a Escritura é apenas mais geografia, mais montanhas, cidades, rios e trilhas. Porém, quando a Escritura e a terra são combinados e alinhados, encontramos o quinto evangelho — a terra de Abraão, Josué, Davi e Jesus, a terra que testemunha a salvação de Deus operando na história.

Na atualidade, esse lugar reúne pessoas de todos os rincões do planeta. Muitos são atraídos para ele, mas quantos conseguem notar que a Terra Santa é apenas um holofote apontado para o Messias Jesus? Esse território não é santo porque é iluminado, mas porque ilumina, como um holofote, o que realmente importa. Se, ao ler este livro, você descobriu que, de ponta a ponta, ele gira em torno de Jesus, você entendeu por que amamos tanto Israel e por que nos dedicamos a este projeto de escrita: como Israel, ele é um holofote mirado para Jesus. Então, olhe para Jesus e creia nele!

לשנה הבאה בירושלים
No próximo ano, em Jerusalém!

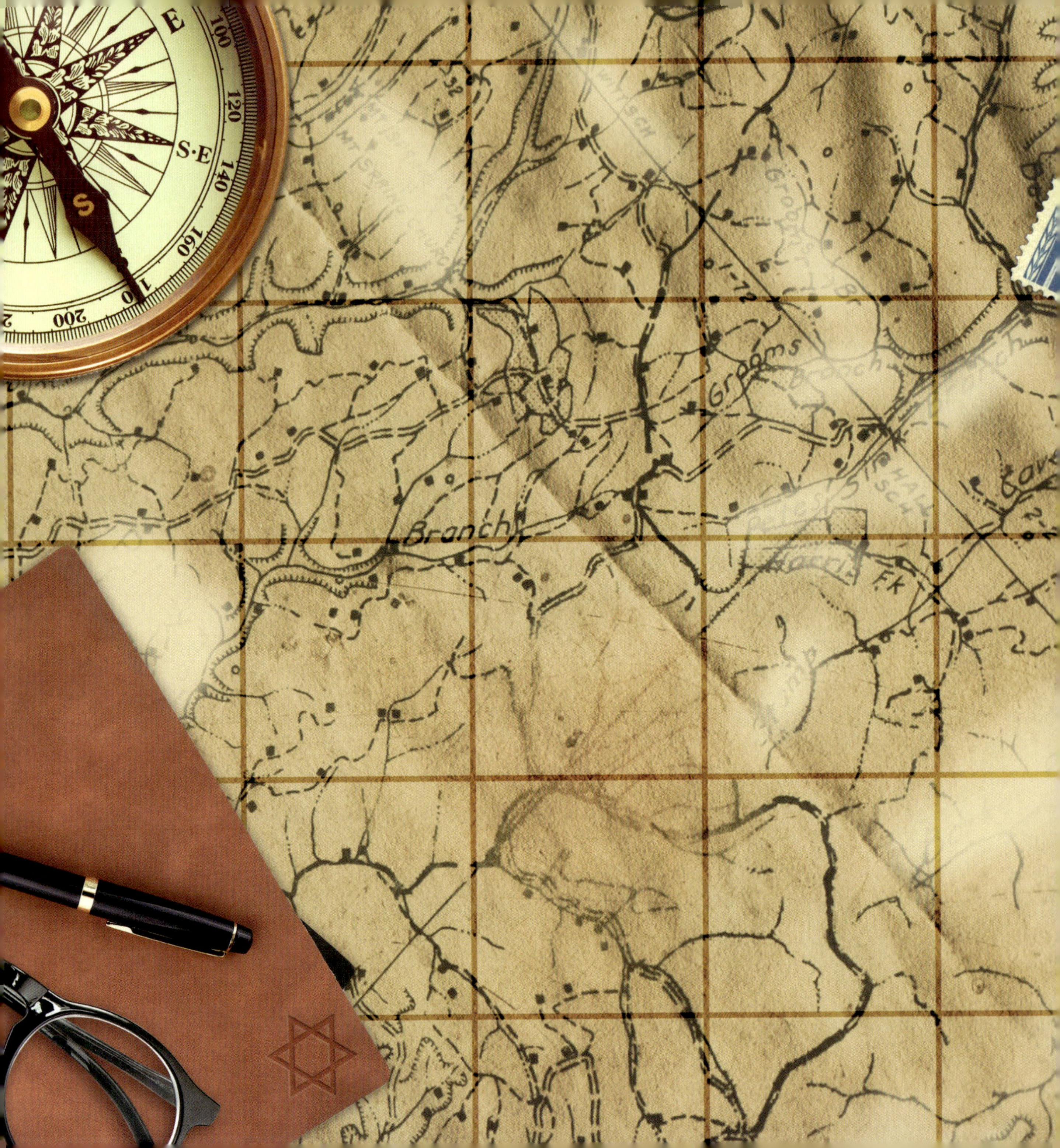

E
S·E
100
120
140
160
200
Grooms
Branch
Branch
Fk

MAPA COM LOCAIS VISITADOS

ISRAEL

- TEL DÃ
- MONTE CARMELO
- CESAREIA MARÍTIMA
- NAZARÉ
- MEGIDO
- JOPE

Região do Mar da Galileia

1. Corazim
2. Monte das Bem-Aventuranças
3. Cafarnaum
4. Tabgha
5. Magdala
6. Mar da Galileia
7. Tiberíades
8. Yardenit (Rio Jordão)

Jerusalém

1. Jardim da Tumba
2. Tanque de Betesda
3. Jardim das Oliveiras
4. Igreja de Cristo
5. Igreja de Santo André

BIBLIOGRAFIA SELECIONADA

BIBLIOGRAFIA

Barry J. Beitzel, *Novo Atlas da Bíblia: geografia, arqueologia e história* (São Paulo: Vida Nova, 2017).

Darrell L. Bock, *Introdução e comentário aos evangelhos: Jesus segundo as Escrituras* (São Paulo: Shedd, 2006).

Darrell L. Bock & Mitch Glaser (eds.), *Israel, a Igreja e o Oriente Médio: uma resposta bíblica ao conflito na atualidade* (Eusebio: Peregrino, 2020).

F. F. Bruce (ed. geral), *Comentário Bíblico Bruce: Antigo e Novo Testamento* (São Paulo: Vida, 2012).

Franklin Ferreira, *Por amor de Sião: Israel, igreja e a fidelidade de Deus* (São Paulo: Vida Nova, 2022).

Gerald R. McDermott, *A importância de Israel: por que o cristão deve pensar de maneira diferente em relação ao povo e a terra* (São Paulo: Vida Nova, 2018).

Jonas Madureira, *O custo do discipulado: a doutrina da imitação de Cristo* (São José dos Campos: Fiel, 2019).

N. T. Wright, *O caminho do peregrino: a vida cristã é uma jornada espiritual* (Brasília: Palavra, 2011).

O. Palmer Robertson, *Terra de Deus: o significado das terras bíblicas para o plano redentor de Deus* (São Paulo: Cultura Cristã, 2010).

Peter J. Williams, *Podemos confiar nos evangelhos?* (São Paulo: Vida Nova, 2022).

R. C. Sproul (ed. geral), *Bíblia de Estudo da Fé Reformada* (São José dos Campos: Fiel, 2022).

Randall Price & H. Wayne House, *Manual de arqueologia bíblica Thomas Nelson* (Rio de Janeiro: Thomas Nelson, 2020).

Samuel J. Schultz, *A história de Israel no Antigo Testamento* (São Paulo: Vida Nova, 2012).

Tim Dowley (ed.), *Atlas Vida Nova da Bíblia e da história do cristianismo* (São Paulo: Vida Nova, 2010).

FIEL MINISTÉRIO

O Ministério Fiel visa apoiar a igreja de Deus, fornecendo conteúdo fiel às Escrituras através de conferências, cursos teológicos, literatura, ministério Adote um Pastor e conteúdo online gratuito.

Disponibilizamos em nosso site centenas de recursos, como vídeos de pregações e conferências, artigos, e-books, audiolivros, blog e muito mais. Lá também é possível assinar nosso informativo e se tornar parte da comunidade Fiel, recebendo acesso a esses e outros materiais, além de promoções exclusivas.

Visite nosso site

www.ministeriofiel.com.br

Esta obra foi composta em HelveticaNeue-Light 10, e impressa na Maxi Gráfica sobre papel Couche Fosco 150g/m², para Editora Fiel, em Junho de 2024.